Ouvrage publié avec le concours du Ministère français des Affaires Etrangères et l'aide de l'Ambassade française en Chine qui méritent d'être vivement remerciés par éditeur et traducteurs du présent ouvrage.

本书出版承蒙法国外交部、法国国家图书中心和法国驻华使馆赞助，特此致谢！

哲学的叩问译丛

主编／史忠义　张龙海

厦门大学外文学院书系

问题世界的教育
——图示与指南

Éduquer pour un monde problématique

La carte et la boussole

[法] 米歇尔·法布尔⊙著

晓　祥　卞文婧⊙译

中国社会科学出版社

图登字:01-2013-3291

图书在版编目(CIP)数据

问题世界的教育:图示与指南/[法]法布尔著;史忠义主编;晓祥,
卞文婧译. —北京:中国社会科学出版社,2014.4
(哲学的叩问译丛)
ISBN 978-7-5161-3882-3

Ⅰ.①问… Ⅱ.①法…②史…③晓…④卞… Ⅲ.①教育思想—
研究—西方国家 Ⅳ.①G40-095

中国版本图书馆 CIP 数据核字(2014)第 011873 号

出 版 人	赵剑英
责任编辑	门小薇
责任校对	高 婷
责任印制	戴 宽

出　　版　**中国社会科学出版社**
社　　址　北京鼓楼西大街甲 158 号 (邮编100720)
网　　址　http://www.csspw.cn
　　　　　中文域名:中国社科网　　010-64070619
发 行 部　010-84083685
门 市 部　010-84029450
经　　销　新华书店及其他书店

印　　刷　北京君升印刷有限公司
装　　订　廊坊市广阳区广增装订厂
版　　次　2014 年 4 月第 1 版
印　　次　2014 年 4 月第 1 次印刷

开　　本　710×1000　1/16
印　　张　11.5
插　　页　2
字　　数　203 千字
定　　价　46.00 元

目　录

建构新生代文明人的当代伦理学

史忠义

    法国当代教育学家、南特大学教育科学教授、南特教育研究中心研究员和《教育探索》杂志的主编米歇尔·法布尔在一部大约只有 17 万字的著作《问题世界的教育，图示与指南》（Michel Fabre, *Eduquer pour un monde problématique. La carte et la boussole*）中，从问题学哲学的视野出发，勾勒了西方苏格拉底、柏拉图和亚里士多德的教育思想，基督教教会的教育思想，笛卡尔、启蒙时代的教育思想，特别是美国实用主义哲学家杜威和法国科学史家、文艺理论家巴什拉尔的教育思想及其在当代的许多演变形态。作者分析了基督教教育思想在启蒙时代和后现代性时代的两次世俗化运动，并在全文中对诸如启蒙哲学、现代性、后现代性、整体主义、相对主义和相关学者的思想风貌给予简要介绍，在此基础上，汇总当代学者的一些教育学观点，提出自己的问题学的教育学设想，真的是难能可贵的。这部著作犹如西方教育学的一部百科全书，充分显示了作者对当前西方局势的关注，对教育的关心和对人类未来的殷殷之情。

    从全球视野看，我们的时代是一个经济、商业、财富观念上升，而道德伦理滑坡的时代。官员贪腐现象、商业暴利现象、人文社会学科比例严重下降现象、暴力上升现象、婚姻以有车有房有相当财产为前提的现象、无视规章制度违规操作导致严重金融危机和经济危机的现象、年轻人理想观念下降普遍重视钱财的现象等，都说明了这一点。而改变这种不正常现象，人类可能要付出漫长的时间和沉重的负担为代价。

    学术氛围的下降是精神滑坡的体现之一。2012 年 10 月 19 日上午，我造访了法国弗拉马里翁出版集团的版权部。从 11 点到下午 3 点，我在索邦大学咫尺之遥的一家大型书店查阅法国文学史和文学理论方面的著作。我隐约感到了某种悖论现象。一方面，法国大学出版社十余年来一直出版的一套由比利时哲学家米歇尔·梅耶主编的"哲学的叩问"丛书，从各个学科叩问学科的原理，从问题学哲学的角度，思考当今社会的许多基本问题，代表了当代学术研究最前沿和最高等级的研究水平；另一方面，文学史方面的研究新作仅有几种，且不齐全，理论柜台的著作品种也明显下降了。与 2005 年那次访问巴黎相比，书店的商业包装氛围似乎浓了一些，不少学术品位并不太高的著作的包装却显得有些奢侈。在一向以学术活跃、严谨、深刻出名的法国看到这些现象，我隐隐地有些不安和失望。

下午 5 点多，当我和巴黎新索邦大学比较文学教授、国际比较文学学会荣誉会长让·贝西埃先生坐在索邦大学门前的著名咖啡馆里，他喝着咖啡、我喝着茶聊起来时，我试探性地问他，法国总的人文学术氛围是否有下降的现象。贝西埃先生直言不讳地告诉我，这是明显的，并分析了这种现象的一些原因。

1. 由于马克思主义的影响下降，法共在法国的影响下降，于是，国际化的学术思考倾向减弱，对关乎全人类共同话题的人文兴趣下降。

2. 法语在法国教育中地位下降，中学最重要的课程不再是法语和数学，而是英语。

3. 文科学生数量的大量下降，影响人文学科教学和科研的积极性。

4. 普遍的经济不景气导致教育和文化领域商业氛围的强化，书店里商业氛围的上升是普遍现象。这一点印证了我的感觉。

5. 贝西埃先生回顾说，法国人文学术思考最活跃的年代是 20 世纪六七十年代。这里有一个历史原因。当法国经济迎来"战后"最兴旺的形势时，左派当时所奉行的中学和高等教育的民主化，使学生数量大量增加，而传授经典的教学大纲未变，所以这个年代也是法国经典著作重印最多的年代。众所周知，这个年代也是法国学术思想最活跃、成果最丰硕的年代。贝西埃先生的寓意是：今非昔比。

6. 20 世纪 70 年代初，法国著名作家、学者米歇尔·德·塞尔托（Michel de Certeau）在瑟伊出版社的焦点书系中发表了《多元的文化》（*La culture au pluriel*）一书。作者指出，自从法国资产阶级大革命以来，法国一直奉行统一的国民教育方针。六七十年代，政府中高等教育的民主化政策与社会实践耦合，出现了中学法语教学的第一次危机，即大家讲的不是同样的法语。这种现象与同时期或稍后的移民潮重合，形成了多元的文化现象。塞尔托40年前谈论的这个现象如今更加普遍。法国各家电视台采访各个领域的人士时，屏幕下方经常打出正确法文的字幕。这说明，法文的不规范现象已是一个相当普遍的现象。

这些年来，我们一直在重复着一种遗憾，即教育是最大的失误。这里的教育是广义的，包括人们观念的普遍改变。当然，近年来呈明显趋势的校园腐败、校园犯罪、校园暴力和学术腐败等现象，也都是教育失误的本义范围。因而，有识之士深感，建构新生代文明人的当代伦理学是教育面临的一个迫切而又长期的任务。

新生代文明人的当代伦理学应该包含的第一个内容是，他们应该有某种为本国人民和人类做某种贡献的理想，哪怕这种贡献是微小的，因为人的能力有大小，而不是仅仅为了自己升官发财。

我们或者可以把《问题世界的教育——图示与指南》一书所介绍的康德、福柯和霍嫩斯等人的建议作为新生代文明人的当代伦理学的几项重要内容。

Majeur 原本有两个意思，一个是指文学上的大体裁，主要是指若干经典文学的体裁，与小体裁相对而言；还指文学大作，与平庸作品相对而言。西方现代的教育学主张让学生在学校里接触经典体裁的大作，这是教育学家们心目中的伟大文化。

Majeur 还有大人、成年人的意思，与未成年人相对而言。在这种视野里，另一个法文词 la maturité（进入成年人的年龄）应该与 majeur 是近义词。但是康德在《何谓启蒙?》（*Qu'est-ce que les Lumières?*）一书中赋予它某种新义：变得强大，亦即敢于自我思考，敢于自我承担。

在康德看来，强大大概既不是指进入成人年龄，也不是指进入承担司法责任或公民责任的事实。它既不是自然赋与的，也不是法律赋予的。况且，它也不是某种知性事务，而是意志问题。勇敢的品性意味着自己置疑、自我检视的可能性。康德提供了弱小的三个例证：只相信书本，让书本代替自我思考，只相信自己的精神导师，他告诉我我应该如何做，只相信医生，他向我口述我的健康的生活方式。康德并不是说读书是无用的，或者向牧师和医生咨询永远都不是一件好事情。他仅抨击某种参照上述三点的方式，这种方式等同于放弃自我的责任以及放弃思考的任务。①

强大或成熟意味着不随波逐流，具有独立思考和洞见的能力。这应该作为新生代文明人之当代伦理学的第二条内容。

福柯在分析康德的启蒙观时，得出了他所钟爱的"批评我们自己的本体论思想"。"批评我们自身的本体论"所固有的哲学性情，因而就蕴含着我们能够跨越的种种界线的某种历史的和实践的检验，亦即"我们作为自由人有关我们自身的某项工作"。这里根本的是指对知识、权力、欲望、物质之界定形式、行动规则、与自我的关系方式等种种实践的某种批评。批评我们自身的本体论不是一种理论学说，而是一种态度，一种"哲学生活"，在那里，对我们之本质的批评，既要求对我们所遭受种种限制的历史分析，又要求对可能超越它们进行检验。② 福柯比康德又进了一步。康德的心目中，一个真正的现代人要变得强大，强大的标志就是敢于独立思考，敢于承担。而福柯的意思是，我们还必须敢于批判我们自己，换言之，批判我们自己也是强大的体现。福柯的这种观点，是从对近三百年现代性历史的总结中得出的。

霍嫩斯 2002 年发表了《为了承认的斗争》一书。在他那里，解放确实蕴含着为了承认而进行的某种斗争。这种思想来自青年黑格尔在耶拿时期的文字以及 G. H. 米德（G. H. Mead）的实用主义思想。霍嫩斯区分了承认的三种范畴：爱、尊敬、好评。正如黑格尔所洞见的那样，爱构成任何伦理生命的结构性核心。在家庭范围内，爱是相互承认的一种进程。孩子与母亲一样，例如都应该接受脱离某种融合关系而进入逐渐的个性化。同时，这种进程应该在肯定性中发展，即肯定上述相互独立丝毫不损害亲缘情感。在司法范围内，承认要求某种被普遍化的他者思想，通过这种思想，我们赋予其他人与我们同样的权利。这里我们其实进入了公民权、政治权、社会权的普世性范畴。至于好评，它是在一个特定的共同体（政治共同体、专业共同体、文化共同体等）内，并根据一定的参照体系，承认个性的而非普遍的品质。霍嫩斯引入了团结互助的思想以便突出下述

① Michel Fabre, *Eduquer pour un monde problématique. La carte et la boussole.* Paris, Presses universitaires de France, 2011, p. 182.

② Michel Foucault, Qu'est-ce que les *Lumières*?, in *Dits et écrits IV*, Paris, Gallimard, p. 577.

现象：当每个人可以感知到自己的存在并把任何其他人都感知为共同体的珍贵成分时，所发生的相互好评现象。

　　爱滋生了对自我的信任，司法承认促生了自尊，社会的承认促生对自我的好评。这样，霍嫩斯就在承认程序中，按照它们所介入的三个领域，看到了实现自我的具体的伦理性条件。[①] 霍嫩斯的这三个概念似乎可以作为新生代文明人之当代伦理学的第四条内容。

[①]　A. Honneth, *La lutte pour la reconnaissance*, Paris, Le Cerf.

导　语

　　"准备让人们进入这个问题化的世界"，保尔·里科尔（Paul Ricoeur）说，"在我看来是现实教育家的任务"（Riceour, *in* Hocquard, 1996）。这部著作旨在澄清这个任务，澄清这个问题世界的教育问题。

　　在我们的上部著作《问题的哲学和教育学》（*Philosophie et pédagogie du problème*, Fabre, 2009 a）一书中，我们通过四个作家：约翰·杜威（John Dewey）、加斯东·巴什拉尔（Gaston Bachelard）、吉尔·德勒兹（Gilles Deleuze）和米歇尔·梅耶（Michel Meyer）重新勾勒了问题化范式的源泉。当时，我们尝试揭开问题化的某种认识论蕴含，以期建立知识的某种教育学。现在我们希望更广泛地打开思路，并从某种问题学的视点提取有关教育的所有结果，并提出弄清在我们这样一个问题世界里，教育如今意味着什么的问题。我们已经在《思考培养》（*Penser la formation*, 2006）这本书里试图拷量种种培养新范式的到来，但是那时我们尚未足够关注可能使教育者的任务大大复杂化的文化危机，不管他们是家长或者老师。我们的世界确实已经变成一个问题世界。这就是说，我们失去了传统社会的种种肯定性，也许还失去了现代性留给我们的某些希望。

　　读者不应该从这样一种思考中期望获得对其教育问题的答案。首先因为在我们看来，某种教育哲学的功能不在于此。其次，还在于赋予答案恰恰意味着我们生活在一个足够稳定的世界。须知，我们的问题世界更要求种种标记而非已经勾画好的道路。因此，某种教育哲学所能做的全部事情就是尽可能地编织有关方向的某些隐喻，一如指南和图示的隐喻。然后，有待每个教育者发挥其指南并根据各种具体形势建立他自己的种种图示。这种最低程度的要求与相关主义毫无关系，下文将展示这一点。例如，约翰·杜威或米歇尔·梅耶所思考的问题化恰恰构成了程序理性的某种形式，后者同时避免了教条主义和怀疑主义。这种思维方式大概是适应我们这个赫拉克利特式世界的唯一方式。我们试图把我们的教育问题建立在它的基础上。

　　前两章通过激活德勒兹的意义观念，尝试澄清教育的危机概念。这样，任何危机都可以解读为某种意义的解构和重构工作。所谓世界是问题性的恰恰意味着它是这样一种工作的场域。尽管我们并不赞同雅克·布弗雷斯（Jacques Bouveresse, 1984）有关后现代性概念的全部批评意见，但是我们像他一样认为，自从利奥塔把这个术语引入法国思想界以来，这个概念实际上已经发生了过多的变异。因此，我们更喜欢使用"问题性的"这个术语来指示当代世界。在我们看来，我们这个世界的特点就是，任何事情都不能自行发展，任何方向至少乍看上去都不显得比另一方向更合理。乔治·卢卡奇（1963）已经把现代小说看作是"没有上帝世界的史诗"，并把它的各式人物看作是问题性的英雄人物。

　　第三和第四章将挖掘标记的各种隐喻，这些隐喻比以往任何时候都更萦绕这个问题性世界的教育思考。我们将分析此后影响教育规范性的各种变化以及其中发生的从命令式到条件式的衍变，但是并非总有可能从中提出某种真实性原则的要求。在这样一种视野里，教育者的谨慎可以以哪些标志作为深层背景呢？如果问题不再是模仿前人也不再是追随自然，且进步不再是自然而然的事情，那么唯一的出路难道不是从其绝对的内在性思考经验，就像实用主义曾经做过的那样？杜威向我们建议的教育规范性的最低观念，可以接替此后变得无法实践的标记行为的各种图式吗？哪些可以是当今某种教育经验的标准呢？如果教育不再具化为追随和让人们追随已经划定的种种道路，那么就应该编造出新的标记类型。因此我们挖掘指南和图示的各种隐喻。受教育者用指南勾画他自己的道路，但是以已经存在并记录在图示上的某种经验为基础。

　　指南和图片界定问题化的进程，作为怀疑与肯定性的耦合，应该把它们与教条主义和怀疑主义对立起来。我们将在第五章叩问杜威推动的这种程序理性，并试图圈定它的历史性意指（意义）。它是如何回应影响我们文化的拒斥问题的弱化现象呢？杜威认为我们应该放弃从调查程序之外寻找肯定性的做法，必然把其问题域与问题外关联起来并产生临时性的种种结果。对他而言，此后在一个液体的世界里，我们应该变成水手并学习作出决断。他认为，调查提供的肯定性类型以及它所蕴含自行修正运动，对于认识和行动已经足够了，只要我们在伽利略科学最典范地演示的理性中保持对启蒙的这种信仰："科学"，他说，"是一种程序，而不是对不变物的占有"（Dewey，2003，p. 23）。

问题在于挖掘这种问题学视野的各种教育学后果：如何在开蒙中把怀疑与相信耦合起来？教育者在这种辩证法中的作用可能是什么呢？在青年中发展某种类似问题化之性情（èthos de problématisation）的东西意味着什么呢？须知问题化的障碍是很多的，那么允许学校发展巴什拉尔衷心呼唤的这种问题感的条件是什么呢？这将是第六章讨论的内容。如果要避免我们的"后现代性"的两大老年病整体主义和相关主义的对称性设定，这种博弈是很重要的。如何让某种问题化的性情思想在青年人中扎根呢？它能使他们不回避问题，反而正视各种问题。如何教授这种考验感呢？它只是问题理性的存在一面。

问题性世界是某种世俗化的方式。在第七章里，我们将检视教育思想特别是皈依图式今后可能接受的定位，对于杜克海姆（Durkheim）而言，后者自基督教学校以来一直支撑着学习观念。这种图式没有通过其现代性和后现代性的世俗化而产生变异吗？然而，没有这种皈依思想，如何赋予各种开蒙形式某种培养价值呢？诸如实用主义所推广的适应化代替图式难道没有使我们回到教育的某种纯粹的功利观念或审美观念吗？在杜克海姆看来，后者是古代教育的特征。反之，它承载着新的教育许诺吗？

关于教育的文化要求是当今教育讨论的核心。如何考虑文化遗产与这种"年轻文化"的关系呢？学校被认为是启蒙学生接受文化遗产的场所，而学生们经常作为某种身份要求的对象。面对精英主义的种种尝试，我们只能以新的代价提出下述问题，即弄清当今在一个多元世界里受过教育意味着什么的问题，在这个世界里，文化的合理性变动不居，并越来越变得斑驳陆离。在第八章里我们将检视若干隐喻（调式、图像、阶梯的隐喻）的启发性意义，以期思考能够把青年人认同的文化与需要传达的文化耦合起来的某种教育学，需要传达的文化即人们通常赋予某种解放价值的"古典"文化。

另外，我们将围绕这个解放问题结束这次旅程（第九章），以康德的成长为大人（devenir majeur）的问题性为支撑并发挥其思想在米歇尔·福柯（Michel Foucault）、阿莱克斯·霍嫩斯（Alex Honneth）或雅克·朗西埃（Jacques Rancière）等人那里的某些当代延伸。然后在第二阶段，应该从某种问题学的视点重提这个问题，以便把米歇尔·福柯所钟爱的我们自身的批判性本体论与阿克塞尔·霍嫩斯的承认的伦理学耦合起来。第三个术语，我们将从某种解放的修辞学中去寻找，解放的修辞学及其性情、逻各斯和其情感（*pathos*）已经建立在康德的小册子《何谓启蒙?》里，也已经延伸到"无礼"（insolence）思想中，取米歇尔·梅耶赋予它的意义。

在本研究中，我们将遵循问题化的认识论的线索，这是我们从阅读杜威、巴什拉尔、德勒兹和梅耶所提炼出的指导线索。然而，在这整个研究中，杜威的著作将一直陪伴我们。没有人比杜威更好地懂得正视发生在 19 世纪末和 20 世纪初这个晚近现代性里的世界的问题性。杜威认为，教育是哲学家的实验室，是哲学区分成形并接受检验的场域（Dewey，1983，pp. 388—389）。因此，他的全部著作都试图回答他认为概括了"新思想"的这两种倾向：①兴趣从永恒性和不变性向过渡性和变化性转移，巴什拉尔恰恰以此来定义"现代性"；②固定建制的权威性、阶级的关系和区分逐渐弱化（Dewey，2003，p. 67）。在现代性里，杜威继续说："变化失去了它的情感并不再被忧郁所困扰。它不再喻示忧郁和死亡，而喻示着对变得更好的许诺"（同上书，第 110 页）。

杜威无疑与进步思想捆绑得太紧，我们知道如今这一思想承受着多么严峻的批评。因此，应该对他的乐观主义大打折扣，今后它已不可能从现代的"宏大叙事"中期待过多的支持，以想象这种完美主义，诚然，没有后者，教育思想将不再有意义。我们从中注意到的东西如下：远没有回避作为生产差异和创新的历史的实在性，杜威坚定地把赫拉克利特式变成考虑为我们这个世界无法超越的一种现实。他远没有拒绝问题性，而是试图把问题化变成他的方法论处理。历史的实在性应该思考，如同黑格尔希望的那样。因此，杜威远没有把调查方法保留给种种科学问题的处理，他希望把它扩展到社会的所有领域，首先是教育领域。我们在本著作中将遵循这一路线。

如果没有米歇尔·梅耶可爱的希冀和他诚邀在其丛书中发表之举，这部著作有可能不会面世。米歇尔·梅耶上述学者风范理应受到感谢。他还深知，所有这种问题学的思考归功于他的思想。

某些章节重新使用了某些已发表文章的片段。第三章的一种版本已经在《培养、教育、教学领域的研究者和研究手册》（*Cahiers du CERFEE / Chercheurs et recherches en Formation，Education，Enseignement*）第 29 期发表。第七章修改了 2004 年在葡萄牙杂志《教育哲学路线》（*Itinerarios de Filosofia da Educaçao*，波尔图大学）上发表的一篇文章。感谢相关杂志的主编们允许我重新使用这些文本。最后，第八章发挥了 2007 年已经发表的一篇文章中所收集的思想，这篇文章发表在由我主编的《教育探索》（*Recherches en Education*）杂志第二期上。

第 一 章

危机、意义、问题

人们不断地谈及危机：文化危机或教育危机。然而如果我们想避免对我们时代的某种过于怀旧式的阅读，或者相反，对崭露头角的各种新的历史可能性某种过于天真的乐观主义，那么就应该回到对这种危机思想本身的澄清，并回到与其相关的语汇：意义和无意义、问题、问题性。这里是从问题学视野重新审视作为意义解构和重构的危机思想。

意义丧失的主题如今获得了成功。此前，存在主义者曾经使荒诞主题大众化。在《恶心》（la Nausée）一书中，罗康坦面对自己的根经历了某种存在主义的虚空经验。如果说这种情感如今显得稍微有点过时，对意义的叩问以种种新的形式喷薄而出，但是反映了相同的问题域，而世界即使不再从荒诞的各种类型去思考，它依然保留着自己的问题性。鸣呼，这种品质界定迫使我们把意义的概念复杂化。也许应该首先颠覆常用词汇并承认问题世界忍受着意义过多之苦。如果我们希望避免有关意义的各种庸常性，以期重新找回这个概念的清新，那么澄清这种悖论就是必要的。

作为凤凰的意义

事实上，如果我们遵循胡塞尔（Husserl）现象学的教益，就必然会发现，问题性恰恰是意义的场域本身。我们之所以不能解决我们的身份问题、承认问题或其他问题，恰恰意味着我们完全淹没在意义之中。我们的不适来自某种意义的过剩而非意义的缺失。其实意义首先是某种解构的残余，即当我们失去一切时：当建立起来的各种意指被风化，当真实得以回避，当我不再知道我的位置在何处也不再真正知道我是谁时，残留下来的东西。而意义也是可以从这些涅槃中再生的东西，即一种新的生命。因此应该区分意义的两种风貌：残留与源泉，或者灰烬与生命的萌芽，倘若我们停留在凤凰的语汇中。

找不到的意义

要了解意义的这种二重性，我们应该按照吉尔·德勒兹（1969）的学说重新找到某种逻辑传统，这种逻辑传统在哲学史上经常被边缘化，这就是从格雷古瓦·德·里米尼（Grégoire de Rimini）到迈侬（Meinong）和胡塞尔以挖掘意义悖论为特征的逻辑传统。[①] 这样在逻辑命题中，我们就可以区分三个维度，即参照系（也叫作指称或指示）、意指和表现（或表达）。

每个陈述义都反馈世界的某种形态。说拿破仑在滑铁卢的战役中失败了，说办公室的门开着或者外星人是一些绿色的小矮人，这是指称某种可能世界的事件或形态，即使该世界是想象的。在逻辑命题中，参照系是要求按照真实或虚假判断的东西。历史学家说，拿破仑在滑铁卢确实被打败了。被指控失职的职员重新写道，说办公室的门开着纯属谎言。动画片的爱好者证实说，在预言性叙事中，外星人确实经常被涂为绿色。然而，要知道在某个既定世界里某命题是否真实，应该理解它的术语，捕捉到它们的意指。当参照系把语词与事物耦合起来时，意指则关涉词语与观念的关系。为了验证办公室的门是否开着，验证拿破仑是否战败于滑铁卢战役，外星人是否真的是绿皮肤，还需要知道什么是门，"开着"或"关着"意味着什么，什么是一场战役，或者"外星人"这个术语可以指称何种类型的人。于是意指即是使命题变得具有真实性或虚假性的东西。它构成其逻辑可能性、数理可能性的形式，或者还构成它在某种可能世界的真实性的条件。对于物理学家或生物学家而言，像"外星人"这样一个术语没有很具体的意指，但是对于威尔斯（Wells）的《星球大战》（*La guerre des mondes*）的读者而言，其意义则呈现为完全确定的。在一个既定的世界里

---

① 格雷古瓦·德·里米尼是被列入唯名主义者的中世纪奥古斯丁式的哲学家和神学家。吉尔·德勒兹（1969）把他作为某种意义观念的倡导者，这种观念预告了迈侬的对象论及其无差异原则，在关涉再现现实的存在或不存在时把意义变成了某种中性实体。我们还可以把它看作是胡塞尔中性原则的某种先导。

没有意指或没有可能性形式的东西，相对于这个世界而言是荒诞的，例如：几何学里的"方周"、地质学里的"没有峡谷的山脉"、生物学里的"绿色小人"等。

逻辑命题还表现为表达者之信仰、情感、需求、态度的陈述义。这个维度经常被研究中性和匿名语言的逻辑学家们遗忘。然而人们一定要问，见鬼为什么办公室主任强调办公室的门是开着的这一事实呢？他有什么事情要遮蔽吗？他是否向其下属提醒某些特殊的要求呢？他是否由此表示了某种憎恶呢？表现就这样反馈到命题的主观性承担，反馈到一个命题（即使是匿名命题）永远应该与一个真实的或可能的陈述着关联起来的事实，后者从来不是任何人并因此而驻足于一个确定的时空体。人称代词（我、我们），以我为中心的状语（此时此地等），在语言中标志着这种表现或表达维度。

哲学家们很难维持语言这三种维度的不可还原性。弗雷吉（Frege）把意义还原到意指，还原到概念，而拉塞尔（Russel）更多地把意义反馈到信仰或表现一侧。这些还原其实取消了意义的任何内涵。因此，德勒兹很有道理地说（1969），意义真正构成了逻辑命题的第四维度，不能还原到其他三个维度。人们既不能把它等同于参照系，也不能等同于意指或表现。首先，命题的三个维度不是独立的，每个维度都与其他两个维度相关联。把意义认同于这些维度之一，这恰恰停止了这种循环。其次，这种还原恰恰丧失了意义的自身领域。事实上，命题的几个维度构成循环。任何参照系都预设了意指。没有这一点，所有指示同一项的命题之间就可以互换了：任何东西可以指称任何东西。反之，面对某种任意表达形式（刀子在桌子上，法国的现任国王是秃子，2＋2＝4，外星人离港了……），人们会问，它会有何种参照系呢？或者在何种世界里（真实的、虚构的、潜在的）这种表达形式有可能是真实的？同样的道理也适用于表现。只有在语言所指稳定的基础上，"我"才能进入话语范围。没有语言及其区别性的关系（我、你、他），话语就是不可能的。如果没有语言和文化中种种意指的积淀，自我就不可能有任何稳定性，如同阿利斯在美妙国家所经历的体验一样。另外，表现永远是某个"自我"的表现，并意味着与此时此地相关联，即意味着某种参照系。那么意义是否与意指相混淆呢？它可能成了某命题的真实条件。它可能与自己的逻辑可能性、数理可能性形式相认同。但是把意义与意指相认同仅仅反馈到命题的形式可能性的条件。须知，就像我们下面看到的一样，任何命题都回答某个命题，后者大部分时间是隐性的，但是却界定着它的可能性的各种真实条件。于是问题思想使我们接触到了意义的生成权。吉尔·德勒兹因而把意义作为命题的第四维度，但是这是我们无法直接捕捉的维度，而只能从其他维度把我们带入的循环开始推论。意义并不存在，它内在于命题的其他三个维度之中。

意义和问题

　　正如米歇尔·梅耶所说的那样（1986），言说、书写即回答。而回答或者为了表达某个问题，或者为了解决这个问题。理解一个命题即上溯到它所回答的问题。要理解诸如"某某国家是专制体制"这一命题，我不应该只知道"××"是一个国家的名称，知道"专制体制"指示某种非自由化的政治体制（意指），而"××"国家确实存在并位于东南亚（参照系）。只要我并不知道它表达了什么问题或者它回答了什么问题，我仍然不理解这个句子。在历史的某个进程中，它确实可以罗列地球上的专制政体。然而问题也可以是某旅行社的问题，后者希望弄清，组织在这个国家的一次旅行是否谨慎。而答案可以解释为外交部某职员的警告。同样，像我一样聆听这场报告的我的邻居，当他悄悄地向我耳语说："六点了"，为了理解他说这话意味着什么，我仅仅知道他的陈述句在我们对时间的共同理解中构成某种知性命题还是不够的，仅仅知道我的表上指示着六点，即这是一个真实的命题也是不够的。换言之，不管是意指还是参照系都是不够的。我应该知道我的对话者是否表述了他想说的意思，因为他要赶火车，因为这场报告使他烦恼，或者反之，因为他没有看到时间过得很快。因之，问题真正构成了命题之可能性的真实条件（和非形式条件）。确实是为了表达他的问题（他很着急，他烦躁不安，他没有看到时间悄悄地过去了），他才说出"已经六点了"这句话。我们这样不是正在把意义与表现相重合吗？然而这里我所感兴趣的，并非这个问题乃是我的邻居的问题这一事实，而更多的是后者表达了日常生活中的一个庸常问题：一个烦躁问题，一个赶火车的问题。正是因为我的邻居表达了一个问题，后者也可能是我的问题，它也是大家的潜在问题，我才能够理解它。

　　如果需要从命题上溯到它所表达的问题（即它的意义）才能理解

它，反之，命题的生产或它的真实根源只有作为这种意义在意指、表现和参照系各个维度的展开，才是可以想象的。任何命题都回答它所表达或解决的一个问题。只有考查意义或问题性的这种生成权，人们才能重新找到意义术语某种更积极的接近常用词汇的词义。一个命题的意义，德勒兹说（1990，p. 177），以它的兴趣为标志："人们所谓的一个命题的意义，即是它所展现的兴趣。意义没有其他定义，而这只能与命题的新颖性构成一个整体。"并不是因为一个命题拥有某种意指它才产生意义，如同共同场域所见证的那样。许多真理都显得平淡无奇，并没有给任何人带来任何东西。德勒兹经常说，一个命题根据其意义拥有它所值得的真理性。它的价值仅在于它宣称表达或解决的问题的价值。"问题"这个语词的词源证实了这一点：形成具体问题且其症结很重要的东西才具有问题性。

在意义即是当我们失去一切时留给我们的东西的范围内，我们生活于其中的问题性世界因而充满着意义。当我们说生活不再有意义时，我们其实提到了我们接受遗留下来的各种意指的困难：工作的意指、关于家庭的意指、政治生活的意指等。或者还有我们接受我们自己的困难。在我们看来，世界显得那么不真实，或者没有根基。然而我们继续谈论家庭、政治生活和我们自己。于是我们身处意义之中犹如身处我们的各种叩问和我们的各种困惑的场域中。我们经历着充满扭结的种种重要问题：我们是谁？受金融危机和气候变化威胁的我们的这个世界将向何处去？但是，我们通常很难建构我们的问题，况且更难为它们找到解决办法。

解构和重构

把意义和问题相认同向我们揭示了意义的二重性，当我们不能为某事情指示某种参照系，甚至不能指示某种意指，并当我们自我叩问以期知道某人是否能够承担它时，这种事情就具有了问题性。这是意义的灰烬（涅槃）一侧！然而同时，从问题性中可能诞生另一问题性：这是意义的"萌芽"（再生）一侧。事实上，人们所谓的"问题化"可以描述为命题不同维度的某种中和程序，也可以描述为以新的代价重新产生这些维度的某种相反运动。

意义的中和性

我们在胡塞尔那里确实发现了这种中和运动。现象学还原是对意义的某种还原。在悬置自然态度、在把我们对世界的信仰搁置一旁的同时，我们确实达到了某种残存，而这种残存就是现象或意义，亦即事物的纯粹呈现。在自然态度中，感知亦即某种本体论的介入：我看到长在我花园里的橡树。在悬置信仰的时候，现象学还原把它变成了树木的某种纯粹的空壳，后者既不与树的观念混为一体，也不与存在于我之外的某种先验实体混为一体：某种纯粹的意义对我而言什么也不是，也没有向我表述任何东西。正如胡塞尔所强调的那样（1950，§89）："纯粹而单纯的树可以茁壮成长，可以分解为它的化学元素等，但是这种感知的意义，必然属于其本质的意义，却不能燃烧，它没有化学元素，没有力量，没有自然属性。"胡塞尔就这样描述了意义的中性和贫乏性。在纪元"这个现在对我们不再有任何价值的世界里，我们应该把它搁置一旁而不必证实它，但是也不必质疑它"（同上书，§124）。意义因而就是某种气体、某种"无形的物体"，正如斯多葛主义者所说的那样。德勒兹（1969，p. 33）可以把现象学界定为表面效果的严谨科学。

在《恶心》里，罗康坦的存在主义焦虑只是胡塞尔《观念》（*Ideen*）一书里这种理论经验的戏剧化。然而在胡塞尔那里，这种经验向我们提供了纯粹状态的现象或意义，存在主义却颠覆了这些术语并且把它们变成对无意义的体验。我们认为，当代人制作着问题性的体验。当人们犹豫不决地向某事物指示某种参照系、某种意指且人们并不知道它是对何物的表达时，它事实上就变成了问题性事物。这种自称来自空间的噪音具有某种真实性或者仅反馈到某些测量仪器（参照系）的某种功能障碍吗？如果确实发生了这种情况，这是一种信号或者来自深层的某种简单声音（意指）。假如这是某种信号，那么它表达的是某种问好或者某种威胁（表达）呢？意义之所以没有与命题的任何成分混为一体，那是因为它更多地呈现为这些成分在其中解构和重构的场域。这是考察、叩问和问题性的场域。当我们像利奥塔（Lyotard，1979）那样，没有把后现代性界定为承接现代性的某种独特阶段，而是更多地定义为对现代性的某种置疑、某种解构，这正是我们所指示的问题化的这种第一阶段。这样一种颠覆工作触及意指、参照系和表现等全部维度。我们可以从普遍化的去建制化（意指的衰竭）

中，从对身份（表现）的持续叩问中和从世界的反实现（参照系）中看到它们的迹象。

意义的生成权

一般而言，问题化的这个解构阶段都要跟随某种重构阶段。那么后者的实质就是建立种种新的意指、新的表现方式、新的参照系。例如，这就是杜威在《哲学的重构》（*Reconstruction en Philosophie*）一书中的计划。如同凤凰从涅槃中再生一样，意义从某种创造性的解构中被捕捉而来。倘若发生了危机，那是因为我们被淹没在意义之中，因为我们有种种问题。让我们走出危机将是幻想者的工作，将是新价值、新的解决方法的创造者行将成就的事业。什么样的查拉图斯特拉能够还给我们一个新的童年：孩子称颂的童年，尼采衷心呼唤的继骆驼的任劳任怨和狮子的否定性造反之后这种肯定性的强大力量呢？哲学家更谦虚一些的责任就是帮助我们思考我们的问题，亦即提出新的意指、新的观念、新的标记，把这些建议紧扣在现实之中，并让可以支撑它们的现在的力量的线条呈现出来。

思考危机，大概就是从问题性或从意义开始寻找强加于我们的种种问题的标志并建构它们：寻找解决危机之可能性的真实条件。这确实是某种超验性的问题。然而，德勒兹使超验性承受了某种决定性的变化。康德叩问牛顿物理学种种命题的可能性条件是什么。他证明例如空间和时间构成理解各种现象的氛围。我们只能在空间和时间中感知，它们先验性地结构我们的经验。他还证明，类型（数量、质量、关系、方法）界定我们的知识的理论范围。总之，康德的先验性为我们提供了可能性的形式条件，没有它们就不可能拥有知识，但是他没有让我们触及我们的知识的真正根源。

同样，胡塞尔也从意义开始渴望对逻辑命题的某种重构。这就是他称作"建构"的东西。例如，他在《形式逻辑和先验逻辑》（*Logique formelle et logique transcendantale*）一书中问道，如何提出"形式逻辑之真正意义的某种意向性解释"（Lauer，1954）。这样一种逻辑将展示为"知识通过自身对自己的某种认识"（Husserl，1965，p. 14）。那么问题就在于重新找到导致逻辑命题之意义的各种不同层面，并赋予每个层面某种明证性特征，在这一点上遵循笛卡尔"我思故我在"的教益。这样地质学的挖掘将揭示构成逻辑的各种不同的地质层：①某种判断系统，或判断的种种可能性形式：判断的某种形式语法；②独立于所处理内容的真正判断的种种可能性形式的某种体系：某种非矛盾性的逻辑；③尚有待未来的某种真理逻辑。那么，我们在胡塞尔那里就确实发现了还原和构成的双重运动，在这种双重运动中，意义同时呈现为存留和源泉。但是，构成思想仅是对意义的某种澄清。根源还只是形式上的某种根源，而我们也还没有走出康德风格的超验性。构成思想还不能反映科学史上科学观念的实际生成或社会史上种种建制的真实根源。

如果我们把意义与问题性同化起来，某种实际生成的思想才可能诞生。巴什拉尔（Bachelard）或康吉杨（Canguilhem）式的科学的认识论史，就将是种种问题化的某种历史，亦即各种还原和各种构成的历史。巴什拉尔曾经叩问，化学如何从炼金术的废墟上诞生呢（1970 a）？康吉杨（1955）则竭力澄清反射观念史上所点缀的各种不同问题性。这等于寻找某种共同场域、某种被广为接受的思想如何被叩问、被质疑？人们以为真实的东西何以某一天变成了问题性的东西？而反之，某种新的问题性是如何构成的，又从什么东西开始？这种或那种观念何以呈现为某种新问题性的条件或解决方案？这里我们很容易发现杜威所钟爱的调查思想。

结　论

教育危机应该思考为我们所继承的各种意指、走向衰落的各种真实性和种种犹豫不决的参照系的某种危机。它植根于某种文化危机。更本质地说，我们可以从存在之某种问题性的深度去思考它（Meyer, 2000），而这正是我们用问题性世界这个词语所指示的东西。已经公开提出的问题域（在某种无标志世界的标记问题，当相对主义和整体主义威胁时肯定性与不确定性之间的辩证法，世俗化时代的价值问题，解放的问题等），旨在捕捉存在的这种问题性对传统上归结于教育之各种功能的影响：保护功能、结构化功能、传授功能和解放功能。

教育哲学充斥着各种悲观主义的阅读，这些阅读经常是怀旧式的（芬基尔克罗/Finkielkraut 类型，1987），而很少革命式的阅读（卡斯托里亚迪/Castoriadis 类型，1996）。教育哲学由对某种重新变得野蛮的世界的终审判决主导。自从汉娜·阿伦特（Hannah Arendt, 1972）、克里斯托弗·拉希（Christopher Lash, 2000）、阿伦·布卢姆（Allan Bloom, 1987）著述以来，各种灾难性的阅读与日俱增。这些批评的极端性本身，面对某种改革型和技术型言语的相对上升，解除了它们自身的武器；这种言语满足于其自身，无视教育的历史并轻视教育学，我们从当前法国国民教育中看到了它的破坏性。相反，教育的危机应该从意义的双重性去思考，亦即最明显地发现某种世界的消失，却不忽视正在酝酿的种种新的可能性。

第 二 章

一个问题性世界

从某种问题学的视点观照，思想史和精神史可以理解为排斥的两种程序之间的某种张力。在问题学的排斥中，各种回答遮蔽着它们的回答性质而呈现为无须提问的种种答案。那么人们其实掩盖了问题学的差异：没有问题，只有各种解决方案。相反，启发批评性排斥旨在维持或恢复问题学的差异，把问题（属于问题性）与回答（属于启发批评性）相区分（Meyer，2000，p. 260）。在史前社会里，问题学意义的排斥很强烈，而回答也记录为强烈的存在。然而从文艺复兴到当代，却产生了问题学排斥的某种弱化现象，古人宇宙观的失落以及生活世界和文化世界的问题化反映了这种现象。反之，对问题性的这种承认导致某些具体领域内对种种肯定性的某种强化，例如古希腊人的几何学，然后是现代社会的物理学。文艺复兴就这样建立了科学之肯定性与文化其余部分的巨大分野（同上书，第266—267页），这就导致了两种相互竞争的态度。一方面，哲学家试图到处重新开启问题域，并甚至在科学之肯定性的根基上叩问它们，另一方面，科学则在可能情况下，瞄准到处用肯定性回答代替问题的目标。

教育则处于这两种倾向之间。然而，尽管科学主义的尝试（如医学的、心理学的、社会学的、教学法的尝试）始终显示出强劲的势头，教育却显然被如今触及社会所有门类的自我问题化的强劲程序所携带，以至于教育危机呈现为某种文化危机的扭结，后者与历史的加速共同延伸。正如汉娜·阿伦特所说（1972，p. 246），"人们永远只为了一个已经脱离其链条或正在脱离其链条的世界进行教育"。我们应该描述的正是问题学排斥的这种弱化现象：世界从何种意义上变成了问题性世界？

卢卡奇与《小说理论》

乔治·卢卡奇（Georg Lukács，1963）使用"问题性世界"这个概念指示小说世界，它同时把小说世界誉为没有上帝之世界的史诗。《小说理论》（*La théorie du roman*）就这样勾勒了各种文学体裁的某种问题学，我们从中得到的启发是，现代小说确实预告了我们这个所谓"后现代性"世界的特征。

宇宙的失落

"依靠星球光明引路的那些年代是多么幸福"（Lukács，1963，p. 19）。"那里的灵魂是通透的。它出发探险，但是，却从来不曾实践；它还不知道它可能迷失方向，也从来不曾想到还需要寻找自我"（同上书，第20页）。整个史诗英雄都是他自己，身份问题并没有向他真正提出：英雄行为应该确认主体已经拥有的品质。表现即是光荣，是本质与表象在崇高行为上的吻合。在一个只有各种回答、有时甚至真的是神秘回答的世界里，他也不知道这里会有对继承而来的各种意指的叩问。那是因为"希腊人在被提问之前已经预先回答了"（同上书，第23页）。从那时开始，《荷马史诗》的问题只能是下述问题："生活何以能够成为基本问题？"（同上书，第21页）换言之，即我的生命如何能够与以我的名义、以我祖先的名义、以我宗族的名义为标志的命运相吻合呢？远古的世界是一个纯质的、封闭的和完美的世界。它是坚实的，亦不承受参照问题：诸神和亡灵，神话和历史并存，甚至不会提出真的问题，也不会提出似真性问题。

卢卡奇行将描述这个本质世界是如何渐行渐远的。悲剧和哲学的到来开创了宇宙衰落的某种阶段。梅耶可以把悲剧看作是诸神退去时代的艺术。他们其实已经决断不了问题性，并且在解决人世间事务时变得无能为力了。例如谁是孩子们死亡的肇事者呢？歇斯底里的美狄娅或不忠实的伊阿宋？从此以后，诸神沉默了，而悲剧性恰恰就在于没有可能找到令人满意的解决方法：因此，索福克勒斯（Sophocle）和欧里庇得斯（Euripide）的作品才会充斥着二元悖论的形象。

悲剧张扬了日渐增长的问题性运动（Meyer，2000），尽管受到了基督教的抵制，这种日渐增长的问题性运动在现代性中积累起来。这种渐进程序不能用颓废或进步观念来描述，这更多的是"超验性领域的结构性改变"（Lukács，1963，p. 28）。今天我们谈论存在的某种新时代的到来（海德格尔/Heidegger）或者存在之问题性的某种强化（梅耶）。而悲剧依然存在，史诗在现代性中变成了小说，依据完全崭新的社会历史条件。这样小说就是与现代性自身问题域同时代的现象，并帮助形成了这种问题域。简言之，这是一个问题学的体裁。因此，很容易把卢卡奇的意见翻译成我们现在的词汇，并展示在他的小说理论里，关于意义三个维度即意指、表现和参照系的第一个问题域是如何运作的。

小说或世界的问题性

小说的诞生确实形成了继承而来的种种意指的某种问题域。如果说小说的英雄人物确实在探索，就像史诗的英雄人物一样，然而他的探险活动不再在理想的、约定俗成的、由传统确定的建制范围内展开。路径不再是现成的。小说指示着"任何明显结局的消失，整个生命的决定性方向的迷失"（同上书，第 55 页）。那么，它塑造一个问题性个人有什么可奇怪的呢？梅耶说（2000，p. 289），小说人物"甚至根据种种回答而决心进行某种探险，然而这些回答这次却是缺失的，尚需要去寻找。古人不再诱惑他，而他即将起程。他是责任人，因为唯有他应该做出回答，超越它可能继承的种种两难困境和约束……"英雄史诗人物却很乐于探险，但是从来不曾拿自己的身份去探险。相反，小说的人物跑遍世界以探索自我并证实自己：这就使表现维度拥有了效力。"我是谁？"这个问题在小说里成为一个挥之不去的问题。卢卡奇甚至把小说的心理学（这种上帝缺席下亦即善恶标准缺席下的"魔幻般的"心理学）置于讽喻的视点下，作为意识的自我反照运动。

参照系的问题也出现在卢卡奇建立在灵魂与世界相互关系基础上的小说类型学里。或者世界过于硕大，灵魂难以适应：这是抽象的理想主义（《堂吉诃德》/Don Quichotte）；或者灵魂远大于世界，这是幻灭小说（《情感教育》/l'éducation sentimentale）。在抽象的理想主义里，内在布局阻止理想的实现。这是乌托邦的王国。相反，在幻灭小说里，不适应性在于"灵魂显得比生命所能提供的所有命运都更广泛且更庞大"（同上书，第 109 页）。这次已经是内在世界与外在世界两个世界的斗争，而不再是某种抽象原则与世界的斗争。这里剧情不再有必要，因为内在世界足够丰富，自身充分显示了它的价值。心理分析成了王后，而外在世界变得约定化并缺少意指。对卢卡奇而言，这种"主体性的自足性"是其最终所捍卫价值的最令人失望的事情（同上书，第 111 页）。逃避现实、幻灭，柏格森时间性的涌现等，概括了这类小说的特点。它的原型堪称《情感教育》，里面有这样一句话："弗雷德里克·莫罗的生命与包围它的世界同样没有内聚力"（同上书，第 123 页）。事实上，"福楼拜成功地赋予某种意义之任何实现完全缺失的情况以形式，然而，这种形式甚至升华为某种生命整体丰富而又至善至美的完满性"（同上书，第 125 页）。

卢卡奇还是从成长小说尤其是从歌德的《威廉·迈斯特的学习年代》（le Wilhelm Meister）中，看到了两种小说形式之间的某种综合尝试。小说形式确实瞄准着理想与社会具体现实的调和。在小说里，具有问题性的不光是个人或者世界，而是个人与世界的耦合。仍然作为小说体裁之精神特征的，是"内在世界与外在世界的调和在小说里肯定是有问题的，但却是可能的……"（同上书，第 131 页）。

第二类问题

如同现代小说所喻示的那样，生活在一个问题性世界里意味着我们不再拥有参照某种事物秩序或乞求神灵或大自然以期从中重新找到我们的资源。在那里，我们面对着种种第二类的问题。这是什么意思呢？

家庭的情况

我们不再能够具体表述什么是一个家庭或者它应该是什么样子，因为它的社会形式是如此千姿百态：以数辈人共居为特征的父系家庭，集合生物上的父亲、母亲和他们的孩子为一体的胞核家庭，单亲家庭、重组家庭、过继家庭以及明天可能出现的同性恋家庭等。我们所谓的家庭就这样分解为历时性（父系家庭、现代家庭、后现代家庭）和共时性（各种共居可能性的家庭）的一系列轮廓，它们的基础是变化的：产权、爱情、财产、生育等。以至于古老的各种肯定性崩溃了：人们选择自己的朋友而不选择自己的父母这种情况永远真实吗？

我们可以把类别的这种多样性从几乎自然主义的路径去排列。但是，这种做法将遮蔽形成这种多样性之统一的东西，即家庭建制试图回答的种种人类学问题的扭结：如何以相对确定和稳定的方式耦合联姻、谱系、教育和财产呢？每个社会在其历史的每个时刻，都试图寻找对这个普遍的问题的某种回答，而我们可以把每类家庭（氏族家庭、父系家庭、双代家庭……）视作一种特殊的解决方案。那里有某种在所有人类社会都确立的客观问题性。当一种形式稳定下来，问题就得到了解决（至少从法理上是这样），而这种解决方案尽管在历史角度上是确定的，被视为某种实质性的东西，于是人们谈论"家庭"。例如，黑格尔的《法哲学的原理》（ *les Principes de la philosophie du droit*，1949）似乎把现代的一夫一妻制家庭神化了，这种家庭建立在爱情的基础上，且只有当父母死亡时才可能从物质上解体，或者当孩子成人后，才可能从精神上解体。那里没有离婚的份额！

当然，一种家庭形式的建立和稳定并不能阻止个人与这种建制之间的种种问题（忠诚问题、继承问题、教育问题）。另外，文学不断地上演传统型家庭或现代家庭里父母与孩子们之间的问题：父亲或母亲的权威性（前者如罗歇·马丁·杜卡尔/Roger Martin du Gard 的《蒂博一家》/*Les Thibault*，后者如埃尔维·巴赞/Hervé Bazin 的《蝮蛇结》/*Le noeud de vipère*），与社会地位低下者的联姻问题（《罗密欧与朱丽叶》/*Roméo et Juliette* 的无数版本），不计其数的继承和遗产纠纷（莫泊桑/Maupassant），关于不忠诚的悲喜剧（马路戏剧）。个体与其家庭的所有问题并不因此而重新置疑家庭的建制。然而也可能出现这样的情况，即建制已经确定的某种家庭类型可能处于危机之中，也就是说，历史上的解决普遍人类学问题的各种方法重新受到了质疑。纪德（Gide）在《人间食粮》（*les Nourritures terrestres*）里的著名话语"家庭，我恨你！"超越了他与自己家庭的各种个人问题，瞄准对现代家庭的某种抛弃，这种家庭是"封闭的家庭；室门紧锁，对幸福的嫉妒性占有"。

说家庭如今形成了问题，是从最后这个意义上去说的。确实：①如今的西方家庭更多地建立在爱情而非利益联姻的基础上，对心灵的跳跃是很敏感的，这就把亲缘结构置于风险之中；②医学上的进步影响着生育的意义本身（避孕、辅助生育）；③风俗的演进（离异的普遍化，同性恋的非犯罪化，男性范式和女性范式的置疑）使前所未有的家庭轮廓成为可能；④教育和社会化部分上的外部化：哺乳室、保姆、学校、足球俱乐部差强人意地代替了家庭的教育职能；⑤国家的监控越来越严格，特别是对透支家庭：家庭补助、孩子的安置、虐待情况下家庭关系的"司法处置"、离异等，以至于私生活与公共生活之间的界线越来越细化。简言之，传统家庭方案或现代家庭方案里连接在一起的各种不同问题现在失去了关联。

人们经常表述事情的这种形态，说家庭的问题就是孩子的问题。而事实上，倘若家庭如今出现了问题，那确实是因为其中的联姻与谱系的耦合不再清楚了。如果说爱情是夫妻之间的动力，"不可分离原则已经从夫妻滑向世系"（Daguenais in Blais, Ottavi, Gauchet, 2008）。说家庭出了问题反馈到例如调和联姻破裂时父母之权利与他们保证教育行动连续性之义务的困难，但也可反馈到在生育和收养之间界定谱系的困难。

于是我们有两个层面：①客观人类学的问题性以及历史向它提供的建制性方案。与这个层面对应的是其家庭向这个或那个家庭成员提出的各种问题，但不会因此而置疑作为建制的家庭。②家庭危机，或者它所采纳的各种建制形式的问题域。这里社会成员们在家庭问题的基础上拥有种种家庭问题。

推而广之

家庭的例子可以推而广之。我们生活在一个问题性世界里，这意味着我们被那些第二类问题所羁绊。诚然，人类学告诉我们，人类首先由一系列问题所界定：把联姻与谱系交叉起来（家庭、种族），管理人们之间的距离（宗族、阶级、民族），解决交流问题（语言、贸易、战争），保证代际之间的传承（学校）等，这些问题是第一类的问题。正是在这个层面上，我们可以说，人类是由某种问题的共同体定义的。理解一种建制即上溯到它试图解决的问题。人们永远拥有事物方面的问题（技术），拥有与其他人的问题（狡诈、暴力、外交），拥有信仰方面的问题（有神论、无信仰、原罪）等。然而使世界成为问题性的东西，乃是传统找到的各种解决方案重新受到了质疑，甚至被抛弃（第二类问题）。而各种传统、建制、知识和实践的这种崩溃，在那些经历过它们的人那里，产生了种种特殊问题。每个危机时代就这样由种种第二类问题来界定：从父系家庭向胞核家庭的过渡，从后者向众多当代家庭形式的过渡等。

于是问题有层次之分，我们取这个术语的帕斯卡尔意义。在《思想集》（les Pensées）里，三个类别是不可僭越的：最大的物理力量不能等于最小的理念，而天才思想亦不能等于最微弱的善的运动（Pascal，1963，Pensée 308）。这里的情况相同：主体们可能发生的与稳定社会结构之间的问题与一个问题性世界倏忽而至的那些问题不可同日而语。从传统中继承而来的种种意指的问题域关涉诸如家庭、学校或健康这样的建制，正如社会学家弗朗索瓦·杜拜（François Dubet，2002）所展示的那样，他提出了"建制计划衰落"的思想。这样，在现代社会里，有关他者的研究就被那些完成这种研究的学者们视为某种建制性程序，亦即：①作为普遍价值与具体个人之间的某种媒介；②作为建立在价值基础上的某种愿望；③作为可能增加个人自立性和自由的种种规范的某种灌输。杜拜所提出的问题，即使他拒绝任何灾难主义，也是我们的问题：当社会化的各种方式不再参照这些无可争议的建制计划时，那么各种身份和意指还剩下了什么呢？去建制化的程序是现代社会一种严重的趋势：价值和范式的多元化，环境化安排的优先，个体协商先于原则，创造前所未有的种种社会角色（同上书，第 375 页）。

在表现方面，身份问题从来没有如此顽固。人们的社会角色此后便显得飘忽不定：今天谁能肯定无疑地知道如何扮演他（她）的丈夫、父亲、教师或很简单的男人或女人的角色？如今如雨后春笋般兴起的性别研究，其实是很难适应性别的生理维度、文化维度和历史维度之耦合的演示。身份这种问题化最惊人的见证，大概是作家埃里克·埃马纽埃尔·施密特（Erick Emmanuel Schmidt）在其小说《皮拉特心中的福音书》（l'évangile selon Pilate，2000）里对耶稣生活的重新阐释。在他笔下，耶稣不断地叩问他可能拥有的使命，很难相信自己的命运，并且更乐于卸下自己的包袱，他倾向于认为这个包袱太沉重，且实际说来完全是不可能的。他需要大量的标志来说服自己相信自己被选中的真实性和它的正当性。谁是耶稣呢？施密特似乎告诉我们，连他自己也不知道。梅耶在他的评论（2004 a，p. 132）中强调，《皮拉特心中的福音书》发现，"当一切都被倾覆了，而答案—肯定形式倒向答案—问题一侧时，这种问题化占领了种种社会"。作家所提出的各种问题（谁是耶稣？谁是真正的希特勒？假如他成功通过了维也纳美术学院的入学考试，他会变成什么样呢？）事实上把我们反馈到"我们被颠覆的身份"，正如梅耶所强调的那样（Schmidt，2000）。

最后，在一个问题性世界里，参照关系本身也是靠不住的。我们同时生活在若干世界里，而我们很难评估它们各自真实的程度。很多年轻人发现他们的录像游戏中的虚拟世界比家庭世界、学校世界或他们同伴们的世界更真实。而许多成年人从中也找到了很大的乐趣，惊奇地发现，"虚拟经济"可能对他们的日常生活产生令人惊异的真实效果。

问题性世界与"后现代性"

充斥着第二类问题且对自己毫无信心的这个问题性世界，倾向于相对于现代性而把自己界定为"后、极端、超现代性"或者更简单一些，把自己界定为"晚近现代性"。这些笼统化的标签，尽管很模糊并且承载着情感的随意性（Bouveresse，1984），今后对于澄清问题性世界显然是不可回避的。正是在它们的极端形态中，它们演示了什么是问题性排斥的弱化。

不可捕捉的现代性

现代性和后现代性根本不是某种历史科学意义上的客观阶段。他们更多的是某时代相对于自己的过去和计划自我理解和自己评价的众多方式，谓之曰历史科学的类型，这些方式收集了时代的各种标志并把它们联结为某种整体阐释，这种阐释通常带有探索性，永远可以置疑并经常受到人们的质疑，它首先发挥着主观真实、神话或症状的作用。而这些类型自身服从于历史，正如我们通过"现代"（拉丁语的"modo"形式，即"最近"、"现代"义）一词的各种语义演变所看到的那样，自从公元5世纪和古代与基督时代的大分裂以来，它们一直为过去、现在和未来之间的关系注入不同的含义（Jauss，1978）。"现代"思想的演进越来越把时间因素与时间的加速整合在一起。人们图式化地从某种很少时间标志的"现代"出发，而走向某种反论，后者不再有任何内容，竭力承认时间的不可逆转性，并以纯形式的方式把现在与"被超越"或与"过时"对立起来（Lipovetsky，1987）。这种先锋派的现象正如布弗雷斯所指出的那样（1984），提供了例如在利奥塔所建议版本中理解历史的范式（Compagnon，1990）。由此实际出现了经常没有得到控制的某种情感。

刚刚作为整体性标签的尝试，现代性思想就在一系列层面（审美的、经济的、社会学的、伦理的、形而上学的）上发生了分化，每个层面都拥有自己独特的存在方式和历史。现代时间指示：（1）民族国家的政治建构，但更注重现代法律的建设和法制国家的思想本身；（2）科学、技术、经济理性化的巨大运动，陪伴着资本主义的建设并逐渐浸透着社会，直至滋生了条理性生活行为的某种新性情（Max Weber，2004）；（3）解放的探索和点缀其历程的众多文化冲突：信仰与理性之间、学院主义与创新之间、个人与社会之间、权威与自由之间的冲突。从这些理性化、世俗化、世界的去魅化，但也包括解放的运动中，产生了整整一系列新思想。如某种主体思想，清醒地意识到自己的身份，成为任何价值的源泉，思想自由，作为某法治国家的成员，主权人民的体现，但也是思考着的人类共同空间的成员。例如某种个体思想，该个体对自己有效，拥有对这个世界之幸福的愿望，并且追求自己的利益。另外在风俗方面，正如托克维勒（Tocqueville）所指出的那样，风俗向柔和方向发展，实现了条件的平等化，特别是个人主义。启蒙哲学，然后是 19 世纪各种大的历史观都把这种探索归入进步图式及其进化论变形（斯宾塞/Spencer、孔德/Comte）或辩证论变形（黑格尔/Hegel、马克思/Marx）。

在这些模糊分期的背景上，现代性探索没有呈现为进步思想所喻示的某种和谐的肯定无疑的进程。进化论图式（托克维勒）从表面的泡沫下，揭示了现代性进程中某种深刻的运动，在这种运动中，个人主义和平等论逐渐获胜（Lipovetsky，1983）。但是，辩证论图式（黑格尔、马克斯）更多地把现代性变成理性自我分化、理性与主体进行冲突性对话（Alain Touraine，1992）或者还有工具理性、交际理性与解放理性之间某种利益冲突（Jürgen Habermas，1988）的戏剧。至于尼采式或海德格尔式阐释（Giani Vattimo，1987），它们把现代性看作在技术理性中完成的西方形而上学的胜利，或者还有依赖人在世界里的诗性居住而对存在的遗忘。

后现代时代的正统性

后现代思想显得更加多样化和更加扑朔迷离。

从经济学的视点看，后现代性是否从美国 20 世纪 20 年代和欧洲 50 年代的消费社会的到来开始呢？当经济逻辑本身主导着消费贷款的普遍化，从而使储蓄和劳动这种清教式的道德面临巨大的考验，马克思·韦伯（Max Weber）把这种清教式的道德视作资本主义的精神时，达尼埃尔·贝克（Daniel Bell，1979）强烈地突出了资本主义意识形态内在的悖论。

从审美角度看，当梦德利昂（Mondrian）和坎丁斯基（Kandinsky）及其对形象派的拒绝，马勒维奇（Malevitch）和他的"白底上的白色方形"、杜尚（Duchamp）和他的"预制作"解构了绘画的再现思想并摧残了作品的空间本身时，后现代性是从先锋派的衰落中脱颖而出的吗？在利奥塔看来，现代美学是某种崇高美学，它把乐趣与劳苦相混合：它试图通过漂亮的形式（由此产生快感！）喻示式或反衬式地展示它无法从中获得再现的东西，如无限、上帝等。这也是某些怀念再现思想的先锋派倾向的探索：内容是缺失的，然而形式却是某种可以给人以乐趣和慰藉的"好形式"。反之，拒绝"好形式"这种慰藉并且为了援引不可展现性而不得不创造前所未有的种种形式的艺术即是"后现代"艺术（Lyotard，1998）。

从哲学角度讲，后现代性界定"自从19世纪末期影响科学、文化和各种艺术游戏规则的变化之后"的某种文化危机（Lyotard，1988）。它从科学正统性或政治正统性的宏大叙事的衰落开始，尼采是这种衰落的预见者，但是这种衰落的真正完成是由于各种实证主义的到来、形而上学的解构（海德格尔、德里达/Derrida、德勒兹、福柯）、宗教的去神秘化的"现代主义"探索和政治救世主降临说的失落（马克思主义、极端自由主义）。

四种后现代图式

对现代性的任何辩证式超越的图式似乎都被排除，因为这恰恰蕴含着不再流行的某种现代的时间观念。自此，后现代性的"后"字只能反馈到建立某种原初遗忘的分离或解构程序（Lyotard，1998）。或者某种复元（Vervindung）程序而非超越（Überwindung）或辩证性替换（Anfhebung）程序。① 这种解构程序呈现为区分、无差异性罗列，从此时此地出发重新整合和迷津的四重图式。正是社会哲学性分析的聚合赋予后现代性思想某种正统性。

当工具理性世界完全与社会或文化演员的世界相脱离时，我们就走出了现代性，理由是从此资本主义社会的三大范畴（技术经济范畴、政治范畴、文化范畴）服从于不同的规范、逻辑和时间性：效率、平等的要求、享乐主义。一言以蔽之，当欲望、经济、技术和政治不再连接而是以演员

---

① 自海德格尔起，"Vervindung"即界定为下述模糊的语义：这是某种事物，1）需要从中恢复过来；2）人们可以信赖它；3）它寄托着我们的信任；4）人们转移了它的意义。参见吉亚尼·瓦蒂莫（Gianni Vattimo，1987，p. 177）。

与体系完全分离的形态自行其道时。区分图式结构着所有的诊断：理性与主体的分离（Alain Touraine，1912）、工具理性与交际理性的分离（Jürgen Habermas，1973）、欲望与单维思想的分离（Herbert Marcuse，1968）。这样后现代性就呈现为语言之多重游戏（审美的、伦理的、政治的、科学的）的崩溃，它们从此各自服从自己的特殊规则（Lyotard，1983）。那么我们就完全失去了古希腊意义上的这种理论，它同时界定为其知识的宗旨和其实践的有效性，这里则界定为培养的宗旨，胡塞尔对此保留着深深的眷恋（1976）。

描写后现代世界的另一种方式可能是从韦伯对世界的"去魅论"分析开始，后者导致价值的某种多神论思想。在后现代性中，未来的时间图式被放弃而使罗列的空间图式获益，于是后者成为与全部文化生活共存的图式。随着大众媒介的时尚，空间和时间距离的虚无化逐渐把文化压缩为形式和思想的某种罗列，它们永远可供使用，但是不可以有等级的分别。在财富和信息的丰富中，在众多选择的陈列中，产生了某种无动于衷的自由，并非由于缺失而是因为过剩：由此产生了似乎界定后现代人飘忽不定的注意力"频繁换台"现象。各种不同文化形式的同时陈列就这样在某种纯粹的并行线中完成，因为后现代性拒绝作品的任何等级原则。因此，价值的根源只能是市场：客户至上和收视率现象。应该把超级市场和频繁换台现象看作是后现代罗列的两大象征。

在总体计划缺失和任何等级观念之外，从社会学或历史的视点看，我们的时代专注于区域问题的管理。从认识论的视点看，这已经是真实的。后现代科学张扬表面的不规则性（如曼德尔布罗特/Mandelbrot 的不规则碎片理论）、不稳定性或灾难现象（勒内·汤姆/René Thom）、各种震动和其他旋风现象（微物理、空间物理、热动力）。它因而张扬区域性和事件性，即各种特殊性以及它们的环境。正如利奥塔所喻示的那样（1979），作为认识和预测范式的持续分化功能的显赫地位大概正在消失，让位于其他更复杂的模式，后者正竭力把混沌理性化。然而拉普拉斯的决定论和现代性的进步图式却基于上述功能。物理世界的这种混沌观进入了人们的社会思想。在后现代性中，社会不再处于宇宙的标志下（古希腊人的和谐观），也不再处于进步论的发展观或意志论的标志下。人们倾向于用硬科学中盛行的各种类型来思考社会：多元化、超级复杂性、不稳定性、对抗性。这些图式使意识形态区分和传统的政治区分先验化，甚至使它们完全失去实际效力。

于是社会不再有统一性，也不再有中心和整体理性：它分裂为众多条件和众多环境，这些条件和环境甚至不能归属于众所周知的那些大的标志（地理标志、社会标志或政治标志）；它分裂为地方理性或最多分裂为区域理性。它呈现为某种超级的复杂现实，其结构既不能预先计划也不能掌控，而近期引导逐渐压缩为种种危机的管理。社会时间就这样变成短路时间，即使当工业社会的种种问题广度要求面对历史之责任感的增加（Jonas，1993）。传统社会瞄准着过去，现代性用进步思想投资未来，后现代性则神化现在：它的不可超越的视阈减缩为此时此地。在种种决定论的断层里，在体系的自由空间里，行动仍然是可能的，只要社会的行动者们不期望其他东西，只关注"出击性"行动的成功而不改变体系。

于是代达尔（迷津）的形象得以确立：没有明显标志的空间所指示的各种方向全部相似，是不可确定的，每种出路都是错的。乔治·巴朗迪耶（Georges Balandier，1994）指出，空间侵占了语言的各种隐喻。然而正是它的工具功能（网络、非标准化场域）代替了它的联结功能（场域）。不可忍受的交通拥堵或地铁罢工造成的混乱、规章制度的错综复杂、电话线路的超级繁忙、行政手续的迷津成为某种"被停滞"社会的象征。"超"现代的空间被嘲弄，脱离了现实，从而虚拟化。我们的时代失去了它的意识形态标志、政治标志、社会标志。独占鳌头的个人主义搅混了阶级属性，搅混了性别之间、代际之间和文化之间的关系。

教育方面的后果

从这幅今后已经广为人知的画面（Lecourt，1990）上，我们可以把教育领域的各种主要变异图式化。首先是易怒版本，30年以来不知疲倦地调整阿兰和阿伦特的论据，却不曾前进一步，或者在摩尼教范围内，猛烈抨击"后现代"教育并失望地寻找抵抗的种种岛屿。

愉悦的甚至可谓欢乐的版本。是的，后现代性呈现为某种机遇。继理性的一神论之后，现在某种多种形式的理性时代来到了，这种理性形式向众多语言游戏开放，向价值的多元化开放，向复杂性开放。如果涉及抵制，那就是抵制某种语言游戏的帝国主义，抵制科学和经济活动优异性的帝国主义。由此出现了对识别精神的辩护，那是解放概念的后现代版本（Lyotard，*in* Hocquard，1996）。这是在欢呼的方向上又迈进了一步！个人主义的胜利意味着各种整体的权威社会的终结，以及托克维勒已经在现代性中祝贺的民主理想的完成（Lipovetsky，1992）。由此出现了某种分崩离析的并满足于这种状态的主体。这种"虚空时代"属于某种"软"虚无主义，属于某种过度的意义、交际和信息的无差异性。理性分崩离析为碎块，而"净"字界定了完全内在于逻各斯的后现代形象。那么需要从这些激情走出，并同时发现加剧了现代性负面效果的各种"超现代性"倾向的上升吗（Lipovetsky，2004）？

在更严谨一些的版本里，现代性的终结对于很多当代哲学家（罗蒂/Rorty、德里达、瓦蒂莫、列维纳斯/Lévinas）而言，意味着自柏拉图以来从背景世界（理念世界、本质世界、原则世界）中寻找存在根基的形而上学思想的衰落。在罗蒂看来，应该回到对我们历史经验的分析，那是我们唯一可以接触到的经验。对列维纳斯、德里达或瓦蒂莫而言，形而上学的衰落向另一种思想形式开辟了道路，后者行将更多地青睐犹太基督传统，而非希腊传统。在所有情况下，人们都从形而上学雄心（表述存在真实性的雄心）的形象过渡到更谦虚一些的关注，即对伦理学的关注：好客（德里达）、关注他者（列维纳斯）、慈善（瓦蒂莫）、团结一致（罗蒂）。

第三种版本这次介入了对现代性和后现代性的现代批评。诚然，历史上的现代性因为工具理性的主导地位而失败，正如我们看到的 20 世纪所积累的各种灾难：世界大战、犹太人大屠杀、广岛等等。因此而需要放弃现代性的规范性计划，即启蒙理性的计划吗？哈贝马斯（1988）不停地描写现代性失去的各种机遇，今后理应重新捕捉到这些机遇，并重新找到过去失去的既和谐又多元化的某种理性的范式，而既不神化对相互理解的兴趣，也不神化对技术领域获得胜利的工具理性的解放兴趣。如果说学校今天还有某种意义，那就是唤醒所有这些形式的理性，并同时找到知识的解放特性。图雷纳（1992）那里也有类似的路径，即使他对启蒙理性的评价明显不同。是的，历史上的现代性在现代化中失败了，因为在那里，科技理性压垮了主体！让我们重新找到理性与文艺复兴和改革年代培育起来的并且在笛卡尔那里继续生存的主体之间对话的它的原初计划。

正是在这条第三种路径中，某种教育的问题学，作为超越启蒙理性之规范性计划的各种历史变异而重新捡起这个计划，可以以自己的方式和它自身的资源而介入。难道这不已经是杜威的计划吗？

结　论

　　问题性世界确实是现代小说所预示的世界，按照卢卡奇的理论，当意义的各种维度都被质疑时：继承而来的意指维度、表现或身份维度、参照系本身。我们可以把区分、罗列、对此时此地的突出和迷津等四个图式的分析综合起来。后现代思想从表达问题学排斥之弱化中获得其正统性，当然，带有许多模糊性，问题学排斥的弱化导致存在的问题性前景。

　　卢卡奇从成长小说里看到了主体与问题性世界之间某种调和希望的演示。智慧之举更多地在于叩问我们如何在这个如此形成或者如此拆解的世界里可以完成教育任务的方式。

第 三 章

标记问题

没有规范性就没有教育，而这种规范性很早就采纳了方向词汇。我们将指出，构成西方教育某种真正原型的柏拉图的皈依观，在一个以洞穴阴影与真正物体、黑暗与光明、意见与知识的对立而强烈两极分化的某种空间中，指示某种180度的旋转运动。正是由于相信他及其道路，教育才可能对作为意见囚徒的学生发挥某种解放性的暴力。他可以确信无疑地走向善的太阳，目光下带着风景图：由线条寓意所提供的知识程度的风貌图。

我们惊奇地发现，古老宇宙的坠落迫使现代哲学家们，继而也迫使当代哲学家们发展有关方向的某种地缘哲学。哥白尼革命取消了空间与文化的对立，因为正如帕斯卡尔所指出的那样，此后到处都是中心，而圆周不存在于任何地方。当所有方向都变得一致时，人们不再知道自己位于何方，也不知道向何处去时，寻找方向就成了紧迫任务。当我们在森林里迷失方向时，笛卡尔建议我们一直向前走。卢梭告诉在蒙莫朗西森林里迷失方向的爱弥儿——如小拇指一样——正确的方向。康德，然后是海德格尔，询问什么是在思想上找准方向。而对于杜威，教育就是引导或再引导孩子的各种自发倾向。标记问题还不是价值的问题，它描画了使价值成为可能的空间本身。标记界定了任何评价的可能性条件。

因而并不是教育领域的方向词汇是新的，而是其中的标记问题变得如此强烈的事实。一切似乎都说明教育者不再肯定自己的道路，或者说明在一个变得飘忽不定的世界里，或者在一个问题性世界里，不再有人们已经划定的道路。例如菲利浦·梅里厄（Philippe Meirien，2002）就曾问道：什么是一个没有标志的世界的标志呢？

何谓寻找标记?

从词源上说，语词"repère"来自拉丁语的"reperire"，后者意为"找到"。需要指出的是，这个词语的意指一上来就从空间和时间轴线展开。寻找标志其实意味着此时此地重新找到过去人们失去的某种东西（财宝、道路），或者发现表示其在场的种种标志，然而它也表示找到了人们从来不曾看见的某种东西：想象、编造。标记的思想存在于过去与现在这种断层，汉娜·阿伦特（1972）曾经把教育的危机置于这种断层：重新找到和复原意义上的标志和重建或创造意义上的标志。

教育与方向

几何学家和地理学家们指示了标记思想的三大功能：确定位置、指示方向、区分（辨别）。标记点可以确定此时此地，即坐标轴线的起点或者这些轴线上相对于这个起点的任意点。公路上的界牌指示相对于某参照点的里程。建立标记也是指示方向。地标就是栽在地上的木桩以指示某种划界或某种方向：例如让人们不离开冰雪覆盖的道路的方向。这也是通向未来的路线，指示迈向某种目标的若干阶段。十字路口的方向标指示可能的不同方向。检索（附录、目录）按照某种方便查找的秩序提供信息。划定标志最后还具有区分功能：边界区分不同领土，篱笆划定产权界限，图像的轮廓分割内与外。

把意指的这些不同维度与属于教育领域的某些隐喻用法关联起来比较容易。位置的确定反馈到某主体相对于已给定的参照点界定自己未来变化的定位做法：阶段、进步水平、程度水平。方向的确定属于计划范畴，包含其目标（其意义）、预先确定的各个阶段、它可能出现的分叉：人们能否遵循某种道路或划定自己的道路、自我确定方向或跟踪他人指示的事实。区分反馈到避免混淆、划定界限、边界线、边缘、指示航行安全区域的必要性。人们常说，需要给幼童的无法无天确定限制，或者对永远准备超越边界线的年轻人确定自由的界限。米歇尔·塞尔（Michel Serres，1991，p. 182）提到了教育行为基础的某种矜持原则。野蛮行为遵循唯一的规律即扩张规律，即天然气的规律。有教养的人懂得矜持。精神分析学家发现了从神经官能症（严重性和自闭性的这种不适）到偏执（无限制性的焦虑和混淆性焦虑）的精神疾病的演变。聆听他们解释的教育者们从他们那里呼唤被认为有利于从决斗型关系和混淆母亲与孩子的关系中解放出来的结构性规律。我们将为判断型或区分型教育而辩护，后者有利于确定自我与非我、你的和我的、各自的位置和每个人的角色。我们将提到找着自己位置、甚至停留在自己位置的必要性。

卢梭或教育规范性的变动

　　定位，确定方向和区别等活动穿越教育的重大问题。为自己定位，就是尝试避免三大灾难：迷失、不再知道前进方向和混淆一切。教育的标志属于哪些类型的规范性，属于以前的规范性还是当今的规范性？

　　规范作用于若干领域，这些领域全都要求上文已经分析过的标记的三大功能。人们区分社会规则（法律、守则）或道德准则（康德意义上的格言）、方法（知性规则、操作程序、使用方法）、自然规律（生命的必然性、发展规律、真实原则）。教育显然与所有这些规范类型都有关系，但是它们的方式并不相同。社会规则属于某种或多或少毋庸置疑的命令式，而各种方法则是条件式的：任何人都非必然要弹钢琴，但是如果有了这种愿望，那么就需要遵循方法。最后，自然规律呈现为叙述性（地球围绕太阳旋转，儿童发展的各个阶段的连续性），但是，这些现象即它们自身，而非其他现象，确实反馈到某种必然性，后者奠定了教育应用的真实原则。那么它是否可以叫做必然性的陈述式呢？①

　　各种教育观念把玩这些不同的方式，并通过它们赋予这些方式之每一种的相对重要性而互相区别。例如，卢梭通过极力把教育置于命令式的首要地位，然后尽可能地把它过渡为直陈式，而建立了一种新的规范性。《爱弥儿》（l' Emile）把优秀的教育界定为我们的三个老师之教益的幸运聚合：自然老师的教益、事物老师的教益（经验）、人类老师的教益。作为一个优秀的斯多葛主义者，卢梭要求人们区分这三大老师介入的不同方法。自然规律属于必然性的直陈式：它们不依赖我们而且强加于我们。经

---

　　① "必然性陈述式"术语意在指出：（1）道德规律（命令式）与自然规律（直陈式）的区别；（2）自然规律的事实蕴涵着某种实在性（即此种现象而非其他形态），它反馈到某种不可避免即某种必然性的思想。自然规律的这种必然性呈现为爱弥儿教育的强大支撑。当我们永远可以置疑家庭教师的权威性时，却丝毫不能反对"事物"，众所周知，事物就是它们自身。卢梭说，应该"用可能性和不可能性的唯一规律"引导孩子（Rousseau, 1966, p. 110）。

验的规律属于任意性和机遇的偶然性，只有部分依赖于我们。唯有人们的教益依赖我们，根据上文已经标示的两种方式：指导的命令式和各种方法的条件式。卢梭说，因此，应该根据大自然调整教育，或者还要根据强加于我们的东西调整依赖于我们的东西。

这样卢梭就使教育的规范性摇摆于命令式与必然性的直陈式之间，并把玩条件式的所有资源。这是情境教育学的全部艺术：安排环境，让爱弥儿碰到事物的抵制，这种抵制才真正发挥教育作用。老师的指令在真实原则面前消失了，而行动根据其正面的或负面的结果来评价。然而我们还是发现了条件式，它在发展的各个阶段或多或少地发挥作用。教育学的伎俩为爱弥儿设置了陷阱，在他那里激发了某种知识的欲望，这种欲望实际上经常是功利性的：阅读一封宴请函，赢得有奖赛跑，确定走出森林的方向并参加晚宴。欲望的俘获就这样把学习变成了某种满足的必要条件。不是"如果你想弄清方向那么你应该这样做或那样做"，而更多的应该是"既然你想走出（我为你设置的）森林陷阱，那么你就必须学习辨认方向！"教育学的伎俩把无功利性知识的不可能的条件性改造成了庸常的、但是在教育学上很有效的条件性：既然你想获得这种你认为有用的成绩，那么你就需要学习。但是，我们切莫误解，它确实建立了管理孩子的某种新艺术。其信息再明显不过了：在孩子们身上，人们只能通过力量或计谋获得任何东西。因此，对卢梭而言，要放弃愿望之间的冲突，后者使老师以为居于主导地位，而实际上这种力量关系恰恰向有利于学生的角度转换，以便让孩子承受环境的约束（Fabre，2009 c）。必然性的直陈式把教育置于严酷的自然规律之下，后者实际上是斯多葛主义的必然性亦即真实原则的面具。

阿兰把孩子看作一个政治人物，即首先通过其他人的中介与各种事物发生关系的人物，他这样看法并没有错。《爱弥儿》试图让童年走出人类童年的这种魔幻状态，"根据这种魔幻状态，人们从事物中获得的所有东西都依赖于符号（动作和话语）"（Alain，1986，p. 248），即依赖某种操作能力，后者源自依存状态本身。但是，正如阿兰·雷诺（Alain Renaut）所强调的那样（2002），卢梭的方法已经不再是我们的方法。或者至少，我们很难思考他的方法，并在他的要求面前退缩。我们所能做的发现，并没有迷失的很大风险，而这种发现从许多社会学的探索中浮出水面，就是把教育规范性的重心从命令式转向条件式，而不敢肯定能够重新找到类似

于必然性之直陈式的某种东西，必然性的直陈式曾经构成爱弥儿的教育支
撑。另外，如果说爱弥儿的管家按照自己意愿牵着他的鼻子走，那么我们
难道不应该献身于界定某种非强制性的方向，后者不再为青年人甚至为孩
子指出明确划定的道路，而更多地试图为他们提供某种指南和某种图示，
以便让他们自己找到自己的道路吗？因为倘若某种命令式继续存在，也许
是所有命令式中最具强制性的那种，这就是成为自己或者将变成自己！在
真实原则相对缺失的情况下发现自己道路的必要性，大概确定了在问题性
世界里众多最大教育困难的一种。

教育规范性的变化

从命令式向条件式、从划定道路向发现道路的这种双重衍变，源自现
代性一系列运动的某种聚合：法律的世俗化和心理化，后道德文化的到
来，孩子们的解放进程。

法律的世俗化和心理化

正如埃里克·普雷哈（Eirick Prairat, 1997）所展现的那样，现代性
实现了法律的某种世俗化。在神学观念里，法律被感知为某种外在的、不
可撤销的和超验的强制约束。这就是人们称作忒弥斯法律的东西①，后者
直接来源于神学语汇。这种法律毫无例外地应用于一切。人们不能改变
它，它永远有效。它是神圣的，任何不服从这种法律的现象都是冒犯甚至
亵渎神灵。相反，在法制观念中，法律是人们相互之间通过的某种契约，
为了生活得更和谐。如果我们愿意的话，这也是某种超验性，然而一种相
对的超验性，因为是人们相互之间订立的，他们同意服从它并且需要时可
以根据已确定的程序改变它。这就是自然法（Nomos）：通过某种承诺把
共同体关联在一起的某种法律。这是一种理性的计划：某种普遍性立法建
制。不服从不再意味着冒犯而是意味着社交性的缺失。在自然法的基础
上，法律的伦理观把它变成了接触自立性的条件，取其康德观念的意义：
自立即作为理性的人与自己签约，亦即同时作为立法者和法律的主体。

普雷哈卓越地指出，从忒弥斯法向自然法的这种过渡体现在三个层

---

① 忒弥斯（*Thémis*）是古希腊神话中掌管法律和正义的女神。——译注

面。这是一种世俗化的历史运动，然而这同时也是一种我们可以从让·皮亚杰（Jean Piaget）或劳伦斯·科尔伯格（Lawrence Kohlberg）那里找到的心理学发展的法律。最后，这还是某种教育工作的意义。我们不可能一蹴而就地立足于自然法中。第一部教育法保留了忒弥尔的所有特征，另外，它也被青年孩子们感知为这种法律。第一批教育者为孩子的自我中心主义的巨大力量设置了界限，虽然尚未能提供种种理由，但向后者说明了，并非一切都是允许的，以期重新引导破坏性冲动螺旋之外的行为："对青年孩子而言，法律首先是某种法律—界线。没有捷径可走，没有可以省略这个阶段的斜路可走"（Prairat，1997，p.1001）。

世俗化运动终结为法律的心理化（De Singly，2003）。这种心理化的规范性思想通过19世纪的精神分析、继而通过20世纪皮亚杰和瓦伦（Wallon）的生成心理学而发展。于是法律不再是规范孩子初始野蛮性的东西，它也不再仅仅是自立主体赋予自己的法律，它变成了主体到来之可能性本身的条件。风俗的解放发挥了辅助作用，人们不再从构形词汇思考它，而是从雏形词汇去思考它（Fabre，1986）。限制赋予形式：孩子只有放弃其巨大的幻想能量，放弃欲望的无限性，放弃与母亲的亲密关系，才能建构起自我。

在拉康（Lacan）那里，主观化程序里的失落感仍然是基本色调，然而自20世纪60年代起，在弗朗索瓦兹·多尔托（Françoise Dolto，1985）或布里诺·贝特尔海姆（Bruno Bettelheim，1988）的影响下，在教育孩子的方式方面，出现了规范性的新变动。今后要听取孩子的意见，关注形成其个性的东西，关注其全面开放状态等思想成为主导思想。由此产生了教育环境考察方式的某种真正的革命。例如，拒绝家庭食品此后不再被视为某种应该压制的恶作剧的表达，而是肯定个人的口味。以前人们要求孩子吃完自己餐盘里的食物，现在人们试图确定孩子的口味轮廓。同样，"请坐好"的形体纪律变成了"请你坐得舒适点"（Renaut，2002，p.76）。福柯把规范的这种心理化阐释为服从的某种简单变体，在这种变体里，规范性取代了师道尊严。对雷诺而言，福柯的阐释却禁止了对规范的相对化和儿童个性的夸张性考虑的理解，应该从这种相对化和这种夸张性考虑中，看到某种连续性解放运动的结果。诚然，儿童们的自由有一个篇章史：法律的历史和更缓慢一些的社会实践的历史。在雷诺看来，这种时间差可以解释福柯式的解读。

义务的黄昏

法律的这种心理化与义务的黄昏并行。在健康环境下，对健康、福利和个人全面发展的崇拜逐渐取代了对法律的无条件尊重，以至于利波韦茨基（Lipovetsky，1992）可以欢呼某种后道德时代的到来，在这个时代里，对于自我全面发展的关注将取代义务。事实上，如今人们有时欢呼的道德或权威的所谓回归，既不意味着我们父辈的道德的复苏，也不意味着对某种所谓不道德风俗的反击。这更多的是某种没有义务也没有惩罚的道德、某种享乐主义的和个人主义的伦理学的浮现标志。我们目睹着牺牲文化的衰落。现代性在破坏义务的超验资源中，把道德确实世俗化了，但是却保留了它的基本形态，即义务形式，同时肯定幸福的权利。正是与价值的这种关系如今发生了变化，即使这些价值的古老背景依然如故。我们永远欢呼勇敢、利他主义、慈善，但是这些欢呼不再可能用义务词汇去表达。父母不再敢表述他们为了孩子而牺牲的思想。即使皮埃尔（Pierre）神父或特里萨（Theresa）嬷嬷此后也只能用欢呼个性发展的方式表达利他主义：对他人的关心使自己幸福并成长！基督教的牺牲个人生命的痛苦有益论，以换取未来在这个世界之外的幸福，不再有市场。慈善思想并未消失，但是变形为在节日与赠与的联姻中没有顾忌、没有负罪感的义务活动，正如我们看到的博爱思想的现场演绎那样。

对自我的义务思想（例如培植自己天赋的福音义务论或康德思想）此后再也听不到了。自我培植变成了一主体个性全面发展的条件，该主体此后很少考虑回报上帝或回报社会，即使他能够无偿地投身于集体项目。自杀问题、安乐死问题、健康问题等，落入了个体选择的范畴。基本原则仍然是人道尊严的原则，但是它所赋予的是与义务道德相对立的种种态度。人们更多地承认个人的权利，而较少承认他的义务。正是基于个人的尊严和权利，人们才允许自杀、安乐死、变性和器官捐赠。

义务的这种衰落，按照利波韦茨基的说法，没有把我们引向某种不道德的社会，而是更多地引向伦理调节的其他类型。幸福市场的看不见的手创立了同态调节的种种现象。"无拘无束地享受"思想大概只是后道德社会青年人的某种危机。首先因为幸福时代的到来不能没有有时强制性很强的健康规范的武库：对身体、年轻的崇拜，健康是最高财富！其次因为个人主义是种种权利之要求的承载者：妇女的权利、儿童的权利等，它们限制着享乐主义的膨胀：对强奸、乱伦、恋童癖的抨击。最后还因为个人主义并不是利己主义：我们需要其他人的幸福才能感到自己的幸福。因此，后道德主义的伦理学对寻找妥协，甚至共识很敏感。

孩子们的解放

在利波韦茨基看来，诅咒没有义务的文化是荒诞和无用的，这种文化自身同时承载着最佳和最坏的东西：没有规则的自由或有责任的个人主义。然而这种托克维勒式的精神史的解读使某种弱势伦理学的到来呈现出来，我们可以叩问它是否能够建立教育的责任心。正如阿兰·雷诺所强调的那样，其实如今教育所提出的问题，就是在条件平等化的某种民主化进程的核心，坚持某种不对称关系的问题。现代派的教育问题乃是教育进程中的自由的位置问题。伊拉斯谟（Erasme）的人道主义捍卫教育的赌注而反对路德（Luther）的预定论。从博坦（Bodin）到霍布斯（Hobbes）的法哲学解构了有关孩子生死的父母权利。然而洛克（Locke）构成了关键时刻。自他以来，父母的权威不再是绝对的。正如雷诺指出的那样，今后，"问题不再是把个人的意志强加于孩子，后者只是父亲的股掌之物；问题是要像孩子那样思想，如果他能够获得自由并能够实际成为一个自由的人……"（Renaut，2002，p. 192）。事实上，父母的权利与他们对孩子的义务混淆在一起。

然而，现代教育的问题性是随着卢梭而浮现的，即调和老师的介入与自由。因此，卢梭严格地区分依赖与服从。孩子依赖于成年人，因为他无法独自满足自己的需要，但是，"任何人都无权向孩子建议对他没有任何益处的事情，即使他的父亲亦如此"（Rousseau，1966，p. 100）。然而，卢梭既没有提倡盲目服从，也没有承认没有限制的自由。劳伦斯·加瓦里尼（Laurence Gavarini，2003）重新勾勒了父母权威当代观念的演变，这些观念整体上强制性的色彩似乎淡化了许多。我们应该像马塞尔·戈歇（Marcel Gauchet）那样担心它们会导致家庭的某种去制度化吗？弗朗索瓦·德·辛格利（François de Singly，2009）更乐观一些，他反而从中看到了家庭关系的某种民主化，后者将把父母的角色改变为"陪伴者"的角色，即使任何贯时性、环境的任何强制性都不会被摧毁。

雷诺问，为什么孩子的自由对于我们比对于现代派更具有问题性呢？因为我们变得对自由独立比对自由自立更敏感。解放对于我们而言确实意味着抛弃任何服从思想，但却并非必然意味着从阻挠我们判断、向我们发布它们的法令，因而把我们从变得不能自主的偏见和激情中解放出来。用康德的语言说，我们的解放范式更像革命而较少酷似某种真正的改革（Kant，2003），它把我们从我们的监护者那里解放出来，但并没有因此而使我们从道德上成熟。德·辛格利（2009）尽管对家庭的前途很乐观，正确地指出了希望通过赌马而肯定自己权力的青年人的口头语"这是我的选择"与自立愿望的区别，前者导致精神上种种不可逆转的关系，后者则记录在某种可逆转的意愿上，因为它保持着自己承诺的主人地位、自我的主人地位。自立性的获得，就是变得理性化和合理化这种能力的获得，后者使我们成为我们应该服从的各种法令的立法者。自立性思想在此限制自由，赋予它边界，它们可能是例如黄金规则的边界（你不想他人作用于你的事情，勿施于人），例如康德在实践理性那些格言里所表达的界限，或者建议我们考虑自己行为之后果、甚至长远后果的责任原则的界限。相反，我们从独立思想中看不到限制个性自由的东西。儿童权利的思想—如它的多次不同声明（1924，1959，1989）所表达的那样，承载着独立性与自立性之最高程度的这种张力，因为"自由权利"与"监护权"（强迫成年人承担责任的权利）是矛盾的。我们承认孩子的言论自由、宗教信仰自由和结社自由，即使我们希望保护他们：教育权、对虐待、对性骚扰的惩处（Renaut，2004，p. 177）。

若干后果

在澄清法律变化过程中，人们不可避免地给出了某种范式承续的思想，而低估了现在它们是共存的大赢家，即使其中的这种倾向或那种倾向主导着其他倾向。在德·辛格利看来（2003），心理化的规范性逐渐确立了自己的地位，但是它没有让其他体制消失。由此出现了混淆可商谈规则与不可商谈规则的某种风险。人们在规范上持宽容态度（烧毁红灯，考试时作弊），并非反映了规范的缺失，而是反映了"多重规范类型的存在，它们之间的矛盾产生了负面效果"（同上书，第 14 页）。如何让人们理解法律的命令型规范性（禁止暴力）、各种方法的条件式规范性与契约合同类更灵活的规范性的差异呢？因为某些规则是可商谈的，于是一切都变得可商谈了！但是宪警是铁面无私的，你如果想弹奏钢琴或解一道方程式，那么就应该遵循方法，而人们永远可以使用外交辞令以便从银行家那里获得某种期限或者推迟向老师交作业。德·辛格利喻示人们，应该很早就让孩子接触机器，这是很有意义的，因为机器呈现为自然法的替代物，这种必然性的直陈式很受卢梭钟爱：人们不与自己的计算机或手机谈判！这里有通过技术的作弊重新找到某种类似于真实原则的东西的尝试，然而我们可以怀疑它是否足以成为自然法的化身。

另一后果是，各种规范性体制的必要区别蕴含着不同规则游戏知性和这些规则在其中发挥作用的语境和环境的知性。在康德的词汇里，教育的评估不再可能呈现为决定因素，而应该变成思考艺术。它不再可能具化为规则的机械运用，而要求对各种形势和具体情况的某种分析，这些形势和情况不可能轻易地沉淀为观念。按照德勒兹的意思，这是门诊部的全部艺术所在。因此出现了对某种谨慎伦理的青睐。在亚里士多德那里，谨慎指示一方面考虑各种原则而另一方面亦考虑语境、环境并掂量后果的这种行为的知性。其实对亚里士多德而言，实践不属于科学或智慧，而确实属于谨慎。在理性与非理性之间，为了理解行为，应该建立一个中间阶段，即合情理的阶段。① 因此，谨慎是一种智识性美德："一种有真实原则陪伴的有关人之善恶的实践品德。"（Aristote，1965，VI，II，5）谨慎属于对行动的判断。谨慎之人（家庭之父、政治家），人们承认他具有恰当决定什么是对他和其他人都有价值的善和有用性的能力。因此，谨慎重视自由思辨的能力。这是一种"政治"美德，一种良知，我们承认有能力领导一个家庭或一个城市甚至一个阶级的人具有这种美德和良知。应该从下述三重时刻的统一中去理解这种谨慎美德：（1）本体论时刻：卡洛斯（*kairos*，沉静），或选择行动或不行动的恰当时刻；（2）修辞时刻或者对行动的正确路线、行动之中庸的探索；（3）在众多可能性中选择最恰当的一种可能性的决定时刻。

正是在这种范围内，杜克海姆（Durkheim，2005）把教育学定义为理论兼实践，亦即某种教育的谨慎性：有关教育行动的某种思考，旨在提高教育水平。我们说教育判断属于谨慎，这就是说它应该既考虑到各种原则也考虑到具体形势，因此它蕴含着某种灵活的规范性，例如德·辛格利赋

---

① 在亚里士多德那里，需要整整一种任意性和偶然性的哲学以便坚定地维持这种区分：用皮埃尔·奥邦克（Pierre Aubenque，1993）的话说，需要"某种谨慎的宇宙学"。这就把亚里士多德与柏拉图主义和斯多葛主义相区别了。

予新父母的那种灵活的规范性（2009）。然而这同时也表示，教育的支撑不再是指挥，而是建议。于是德·辛格利提到了"某种论据型的教育学"，在这种教育学里，合作伙伴（不管是父母还是孩子们）都有责任阐明他们的行动理由。问题性世界确实要求某种实践智慧。如果确实如此，我们就能够理解何以教育的规范性把指挥放进了修辞学的类型里：当需要选择应该采纳的道路时，即属于政治的各种类型（建议），如果是针对错误，那么就属于司法类型（指责和辩护），在听取辩护前错误永远不应该受到抨击，如果是形容人的行为，那就是居高临下式的类型（赞扬和指责）。

倘若修辞学真的陪伴了社会的民主化进程，那么今后它将主导教育的规范性。洛克已经说过，应该与孩子们一起理性思维，而卢梭似乎与他意见相左的唯一理由，就是宣示人们应该考虑孩子思维、考虑童年每个年龄段所固有的特征。现代性很好地接受了他们的教诲。如果说教育已经民主化了，那么问题就在于有关某个问题对象时管理关系的合作者之间的距离（Meyer，1993）。修辞学是问题性世界里教育的弱势逻辑。如果我们承认，好的距离尚未确定，尚有待于今后一个情况一个情况地发明，我们就不会惊异于那些应该把玩"纽带弹性"的父母们的疲惫了（De Singly，2009，p. 121）。

标记的图式

教育的谨慎性如何为自己正名呢？它从哪里获得自己的论据呢？事实上，谨慎关注对各种形势（情境）的理解并不必然意味着放弃行动的普遍原则，例如各种伦理原则。只是它们的应用不再具有决定性作用，而只具有思考或调节作用。因此有必要再次提出"何为标记"这个问题，这次不再把重心放在标记的操作过程，而是放在诸如模仿、遵循大自然、评价经验等正名图式上。

模仿典范

长期以来，教育一直处于模仿式再生产的方式之下："我把你教育成人，就像我母亲把我教育成人一样，她自己也……"（Meirieu，2009，p. 13）作者在这里正确地强调了传统的力量，而并非一直清楚地发现，模仿关系意味着某种没有历史的时间，某种静止的时间，并最终意味着某种天体，或至少意味着事物的某种本性，亦即人们胸有成竹地知道什么样是一个好的父亲，一个有爱心的儿子，一个真正的家庭的某种世界。传统典范的真实性位于柏拉图主义之中。因为柏拉图的理念服从于善，它同时向我们提供了人和人的义务规范。从本质上讲，永远存在某种被遮蔽的规范。问题"这是什么？"既是描述性的也是规范性的。正如德勒兹准确提出的那样（1969），柏拉图的定义是一种选择性手法。通过寻找美德的本质，柏拉图试图找出真正具有美德的人，以便把他与其模仿者区分开来。如果说各种理念服从于善，那是因为可以确定什么是一位好的家庭之父，什么是一位优秀的政治家，什么是一个勇敢的人等，一如什么是一张好床，什么是好的服饰，或者还有城市应该如何根据世界的秩序进行管理。柏拉图激活了标记的三重功能：方向（善）、区分（复制/景观）、定位（宣称者的评价）。

事实上，如今我们不再知道如何把复制与景观相区分，甚至不敢肯定我们真的有这种愿望。这可能意味着例如界定什么是好的家庭或真正的家庭，什么是好的父母等。然而，我们怀疑把近乎无限的一系列情境或情况归纳在同一理念下的可能性。德勒兹继尼采之后，宣称对柏拉图主义的这种颠覆意味着什么呢？走出复制图式，意味着把柏拉图的理念改造成问题。好的父亲或好的母亲没有唯一的定义，但是存在着父母品格的某种问题性或种种问题性，应该差强人意管理它们才能成为足够优秀的父母或者最不坏的父母。由此产生了对尼采的无限回归概念的某种大众的和稍带滑稽模仿的阐释，后者不再反馈到斯多葛主义的致命情欲（*amor fati*），如同在德勒兹本人那里一样（Deleuze，1988），而是反馈到惬意标准：我希望永存的东西或者我希望重新找到的东西即是善的。一个好的家庭是人们愿意永远生活的家庭：人们希望这种情况继续下去并回来！幸福的父母亲说，但愿这种情况长存！如果需要再来一遍，我们将毫不犹豫！

真诚地讲，现代性已经使模仿图式困难重重。现代时代不是末世学希望的简单世俗化，正如布卢门贝格（Blumemberg，1999）正确指出的那样，而是投资了一个富有创造活力的时代，其原则就是科学的好奇心，即曾经被教会神父们指责为虚荣的那种好奇心。须知，这种好奇心用创新的优先地位祭奠了传统。在进步思想里，意义、方向只能来自于未来。然而现代性还以另一种方式拒绝模仿，这就是承认个性和它的独创性。对个性特征、对差异的重视排除对相同性的重复，并把注意力集中在各种特殊情况上。于是，教育就变成了某种形式的钻牛角尖或者变成了某种形式的诊所，提出了如何与此人相处的问题，他与另一人完全不同。

在拒绝模仿图式的同时，人们不得不创造。在罗歇·马丁·杜卡尔的《蒂博一家》中，族长为大家划定了道路：不管你高兴与否，我的儿子，你将成为巴黎高等师范学校的学生！当人们放弃这类指令时，方向的风貌就发生了变化。问题不再是指令式地指出人们应该采纳的方向，而是提供种种标记，让主体为自己选定方向。正如诗人所说的那样，肯定需要通过走路而走出自己的道路来，但是没有提供指南和图示，这样就把年轻人置身于彷徨之中。建议这种类型的标记大概是我们时代教育的最大困难。如何教育这种具有早熟能力的人选择，而不引起瘫痪性焦虑或者虚空的自由呢？这样，"每个人就必须每时每刻创造自己的社会生活，并在永远具有创造性的自发性中，建构自己与其他人之关系的各种形式。这样一个对成年人已经很沉重的包袱，何以能够轻松地让年青人承担呢？"（Blais，Gauchet，Ottavi，2002，p. 235）。昆德拉（Kundera）在他的小说里很好地表达了做人的某种轻松、但很难支持之间的悖论。

破解符号

模仿或参与的这种范式随着卢梭的出现从哲学上破灭了，尽管它还不停地出现在风俗之中，直到 20 世纪中叶。卢梭其实是一个怀旧型的柏拉图主义者，他顽强地寻找散落在古老宇宙瓦砾之中的大自然的踪迹。对这种大自然，应该说它们既强加于我们，而我们也可以遗忘它，社会化的生活使我们多么远离了它。由此，"遵循大自然"的指令表达了某种悖论。《爱弥儿》的全部举措，就是从科学和艺术之完善留下的文化积淀中，顽强地寻找大自然擦不掉的痕迹。总之，从格劳孔神像上擦去海洋的沉淀物，那么，您将发现它的真面目！在文化的复杂化风貌下，大自然依然露出自己的面容，在童年岁月的承接中，在原始民族的简朴中，在情感的自发性中，在道德意识中，露出这种不曾堕落的正确性的"神圣本性"，直至在罗宾逊的孤独中，他教给我们什么是事情的真正价值（Fabre，2001）。而这里亦如此，如同在柏拉图那里一样，问题在于选择好的教育形式，选择对大自然的真正模仿，并驱逐景观，驱逐那些使我们远离事物的符号。我们更喜欢真正的财富而非金钱，更喜欢它们的抽象物、旋律线条，超过了那些和谐的细枝末叶，更喜欢大众节日而非戏剧表演，更喜欢通过事实的教育而非学院式的夸夸其谈。人们不可能终极性地完全脱离符号、脱离表演的事实，并不阻止我们理应永远寻找与事物最接近的符号：承载着缺席和在场的肖像，某种新的音乐谱系，古人的口才而非现代人的能言善语。在启蒙时代，卷入神化进步潮流的卢梭，从大自然中寻找某种调节思想，寻找当世界变化时能够帮助我们把握方向的某种标准。这样他就可以把标记的重任交给大自然：定位（爱弥儿到底在哪儿?），指示方向（大自然的智慧积淀在童年岁月的承接中），区分：自然性与人为性。

随着生态意识的发展，和普罗米修斯文明正在超越许多界限，它把我们交付给人为性并使我们远离真实性的强烈意识，大自然很可能再次莅临我们，作为我们的调节思想。在卢梭那里，其实是希波克拉底寻找平衡的举措进入了游戏。卢梭宣称把人的能力与斯多葛式的渴望平衡起来，以避免两种极端现象：依赖性（欲望的极端性超越了能力）和剩余性（极端的能量超越了需求）。回归我们自身，准确测量"我们球体"的半径（Rousseau，1966，p. 95），清除剩余，将确立某种稍嫌冷酷的降温哲学，这种降温因为没有标准而可能是徒劳的。事实上，德·辛格利从儿科教科书上确实发现了对平衡的某种探索，例如在放任与压抑之间的"既不也不"原则（平衡或中庸?）。然而，平衡具体意味着一个固定点："当这个点是固定的时，不再有游戏的可能性，当线条飘忽不定时，便有了根据形势以及孩子个性进行调节的可能性"（De Singly，2003，p. 17）。为了找到这种永远不稳定的平衡，人们动员了专家们，然而平衡随着时尚而变化（从斯波克/Spock 医生到弗朗索瓦兹·多尔托）。我们处于帕斯卡尔所描写的这种奇怪的静态中，而对于这种静态而言，一旦我们走出了宇宙的安全性或进步的规范性，对中庸的探索就只能具化为某种摇摆，在我们此时此地从某种主观程度上所感知的种种极端之间摇摆："我们航行在一个巨大的海域里面，永远飘忽不定和心神不安，被从一个极端推向另一个极端"（Pascal，1963，p. 199）。

思考经验

如果说模仿图式变得无法实践了，如果说利用大自然处于不确定状态，那么，就只有回归历史了。现代性的哲学家们（孔多塞/Condorcet、孔德/Comte、黑格尔、马克思）事实上发展了"宏大叙事"（Lyotard，1979），后者可以把现在投放在进步轴线上，为发展指定某种方向，为历史指定发展方向（科学时代、绝对知识、无阶级的社会等），并根据这种历史的方向区分倒退倾向和进步倾向。这种"宏大叙事"把世界史设想为人类自我教育的某种巨大进程。然而，如同利奥塔所作的那样，把后现代性界定为对这种现代性"宏大叙事"的不信任，恰恰意味着通过对历史终结性的这种考察，历史的这种极端化不可能是我们的观点。自此，价值论的任何考察之外，历史何以能够向我们提供种种标记呢？这样一种问题域，只能在某种经验哲学的范围内展开，它把经验变成某种严格的内在观念。这是实用主义的情况，特别是以教育为中心的实用主义的情况，例如杜威的实用主义。

对杜威而言（1983），经验其实就是某种程序的经验，这种程序的方向是完全内在的。用以引导经验的各种标记只能来自经验本身。杜威拒绝柏拉图式的模仿标准，后者设置了某种封闭的和静止的社会。他同时也批评了卢梭的自然主义，因为"追随大自然可能意味着，某种独立于使用和实践、类似于有机自然的发展、精神发展的东西存在着"。在杜威看来，大自然确实是教育的某种条件，但是却不能成为教育的目的。对自身永远良好的大自然的应用，在卢梭那里，可以通过终结与原罪之债务的必要性和对人为社会及堕落社会的批判来解释。但是大自然自身既非善的也非恶的，一切都依赖于人们如何对待它。最后，在杜威看来，把历史极端化的宏大叙事是不可接受的，因为它们永远为历史的进程指定了某种终结点，后者是一种形态，而非一种进程。须知，不管是人类的教育抑或个人的教育，教育本身不能拥有它自身以外的其他目的。换言之，教育的进程不能有其他目的性，只能有教育的继续本身：它确实有某种合目的性，但却不能有终结。孩子成年后，他的发展就终结了，这种说法是错误的，因为成年不是一种形态，而是继续教育的某种进程。同样，杜威指责黑格尔相对于某种终极形态思考历史，不管人们如何理解，这都意味着历史进程的停顿。

相对于总是试图把历史进程设想为某种终极形态的种种价值观，杜威肯定教育的目的乃是教育本身，或者教育就是作为发展进程的生活本身。但是，另一方面，杜威不得不承认，并非任何经验都一定具有教育性。只有当经验满足下述三种条件时，它才具有教育性：（a）它向其他经验开放；（b）它提供有助于引导未来经验的种种教训；（c）它把我与其他人相联系，构成最广泛的共同体，并增加我的关系的密度。第三个标准是成立的，因为前两个标准界定了某种可能是非社会性的甚至是反社会的经验，例如犯罪团伙的经验，它们通过频繁出击而强化了它们的恶行经验。

这样，在各种标记的强势图式变得失效以后，杜威的实用主义就向我们提供了教育规范性的某种最低观念。这些标记是内在于经验的标记，但是应该知道，个人经验尽管是自我参照型的，在更广泛的民主社会的经验语境内，占有重要地位。另一方面，作为自我调节的改造程序，经验思想蕴涵着，道路不是预先划定的，而是每个主体都应该通过走路划出其道路。这样一种观念不要求强加某种方向的标记类型，而要求有助于主体自我确定方向的标记类型。由此开始，教育的作用就只能具化为提供指南和图示。指南不指出方向，它仅仅指出空间的各个方向，以便旅行者能够自己决定其道路。指南的使用适用于某种流动的空间，在那里，所有的方向都具有同等价值。指南是形式标记的隐喻。它指示经验及其社会化的丰富的正北方。指南不可能离开图示独立发挥作用。图示也不是一种强制性工具。它并不强加道路。它仅描述现存的种种道路，标示山脉和悬崖，勾画轮廓和边界，并最终允许人们认证各种标志点。图示是过去经验的浓缩。

有了指南，我们可以自由地为我们的生活赋予某种方向。图示意味着我们不是初学者，意味着我们的经验可以依赖积淀在传统、建制、文化中的人类经验。指南和图示是某种问题性世界的标记工具。正如德·辛格利所喻示的那样，它们把教育者改造为陪伴者。

结　论

我们可以把教育想象为某种旅行，并且在培养小说（成长小说）的延长线中，区分团队旅行与开发式旅行（De Singly，2009）。组团旅行是一种传递性的旅行，并且按照预先确定的路线实施。行程充斥着命令和禁忌。开发型旅行服从成为自我并找到自己道路的旅行类型的命令式。按照这种视野，教育的作用从此后被界定为陪伴作用，这个概念拥有所有的暧昧性（Paul，2004）。德·辛格利就这样重新找到了上文定义过的标记的所有功能：定位、指示方向、区分。然而，标记活动既不能从模仿中、也不能从大自然踪迹的破解中获得自己的正统性，必然寻求初级的平衡性。所谓的中庸，今后就只能意味着从我们来自的极端与我们只要攀登就试图达到的极端之间探索经验。这就是为什么教育的唯一逻辑今后只能是修辞性的逻辑。教育者所享有的权威性不再由其地位和年龄给予，而是由对谨慎的承认、对某种建议能力、判断能力的承认所给予的，这些能力均建立在经验的基础上。

教育的保护功能、结构功能和解放功能之间的辩证性却要求对某种真实原则的呼唤：人们只有面对严酷的现实才能学到东西。然而我们不禁自问，在家庭范围和进入工作世界之前，什么东西可以真正具化为卢梭所钟爱的这种必然性的直陈式。机器（计算机或轻便摩托车）的使用，我们不能与之讨价还价，规则游戏的习惯，其他人的在场可以真正代替它吗？在卢梭那里，教育学的伎俩把孩子放置在事物之中，而没有因此放弃保护性的封闭措施。教育学伎俩的解决方案已经不再是我们的方案，童年的旅游，不管是组团式的旅游还是开发式的旅游，难道不是经常停留为某种房间里的旅行吗？重视经验的某种教育的全部困难，于是就因其教育本身的封闭性而接受了某种原则性的限制。教育不是生活，它作为生活不是某种优选，然而，如何从经验中吸取真正的教益呢？

第 四 章

指南与图示

为了确定方向，康德说，人们需要把某种主观标志即身体及其左右与某种客观参照系耦合起来，后者如一定时间里太阳的位置或者指南针指示的正北方（Kant，1991）。我们把这个东西叫做问题空间的极化。然而，在一个不熟悉甚至陌生的空间里确定方向，如同在问题性世界里确定方向一样，还要求某种图示，某种真实的再现。最后还需要在图示上或者在真实空间中为自己定位，即画上一个原点："我在这里！"因此，确定方向要求把三种类型的标记耦合起来：主观标记、客观标记和文化标记。如果我们把这些看法外推到经验的方向和引导问题，问题化要求某种主观的区分（这是我的计划，我的主题），在真实中的某种锚定功能（定位），某种再现功能（真实的图像化）。

在上一章里，我们大胆尝试用指南和图示的隐喻来界定工具类型，我们认为在一个问题性世界里用它们来武装教育领域中的青年人是必要的。现在重要的是尽可能开发这些形象的启发性意义，以期思考不确定世界里的经验及其传播。

杜威与经验的模型化

杜威竭力瓦解充斥着教育争论的各种二元主义，并以图像化的方式把指令性与非指令性、孩子的活动与知识的传递对立起来。对他而言，经验的组织（特别是孩子的经验组织）既不可能完全是外生性的，也不可能完全是内生性的。这就要求重新思考传递思想。

外生性或内生性组织

经验的组织不可能是完全外生性的，因为那样人们就打断了它的连续性。如果说自由就是构思种种计划的权利，那么就需要这些计划真正是出自主体的计划。这里我们重新发现了康德所谈论的主体的分化。在传统学校里，危险永远来自下述事实，即计划最终是教师的计划。须知，对于杜威而言（1968，p.123），教师的行动不应该是模式范围的行动，而更应该理解为通过某种社会化的理解程序，成为经验的某种"扩大点"。问题是我的问题。任何问题都界定了对世界的某种视点。变换问题就等于变换视点。保尔的问题是 5×5 可以等于什么样的鬼数字。而老师的问题是保尔是否熟悉他的乘法口诀表。孩子的问题是如何在网上开展冲浪运动。而父亲的问题则是弄清他的孩子会咨询哪个网站。如果没有孩子对适合于他自己的学习方案的承担，就不能有学习活动。

经验的调节也不可能仅仅是内生性的。诚然，经验趋向于自我组织。然而，如果计划的起点确实在主体那里，后者的行为要求延迟冲动、推迟行动以便于预测并做出行动计划。换言之，计划要求人们不要直奔解决方案，要求人们通过观察环境以及考虑对主体的意义而做出某种迂回。杜威重视意指：并不是对红绿灯的尊重本身很重要，而是红绿灯对我们意味着什么并激活过去的好的或坏的经验很重要。这些意指反馈到成年人的经验和文化，而我们是脱离不了成年人的经验的。因此，让孩子们放任自流是荒诞的。杜威头脑很清醒："不可能捕捉到来自经验和视域都比孩子更丰富和更宽阔的某成年男子的某种喻示，其价值却可能不如来自偶然之喻示的价值"（同上书，第 123 页）。

孩子与学习计划

为了使孩子的经验得到发展，就需要它与成年人的经验在某些教育条件下相遇。教育问题因而就是通过比自发经验更客观化、更具智慧的图像而制定出的经验的"模型化"问题。杜威的论证围绕各种计划问题展开。在这一点上，也应该分解各种二元主义，并反对把孩子与计划对立起来，或者旨在取消计划，或者旨在忽视孩子的兴趣的那些二元主义。两种对立的立场把孩子与计划的分歧变成了某种本质的差距。但是，计划不是固定的，而孩子的经验也不是一成不变的。学校的各种学业乃是人类经验的积累和组织化（Dewey，2004，p. 65）。因此应该从结果中去鉴别开端：把计划看成是儿童经验的可能的最终阶段；而反之，从开端中鉴别结果：把儿童蹒跚学步的经验设想为可以自我组织的经验。因此，计划可以使我们阐释孩子的精神生活，同时给予他某种方向。杜威走得更远，他甚至说，人们只有通过考察学习计划才能真正认识孩子，因为孩子处于发展之中，而计划指示了这种发展过程的临时性结果。这样，涉及学生时，"物理科学的全部对于满足他的要求解释吸引其注意力的各种意外变化就是必要的。同样，某位拉斐尔（或者科罗）的艺术应该用来服务于对孩子种种冲动的评价，当它们刺激孩子绘画和素描时"（同上书，第 69 页）。

因此计划应该与某种图示相同化。图示使某种经验范围的东西变成了结构性的东西：杜威说，"图示为个人的经验注入了条理性，把它们相互之间关联起来，而没有考虑进入这些探讨过程中的各种环境和偶发事件"（同上书，第 72 页）。

指南功能

经验的模型化对于杜威而言，乃是思考如何向年轻一代传递文化的方式。然而，在一个问题性世界里，图示的使用要求建立某种反思性空间，杜威把这称作经验的调查或问题化。这就把我们带向对另一隐喻线索的继续，即指南隐喻的继续。经验的问题化要求根据很特别的方位基点对认识论空间进行某种极化。

问题化的菱形图案

儒勒·凡尔纳（Jules Verne）的世界还不完全是如今我们所说的问题性世界，《八十天环球旅行》（*Le tour du monde en quatre – vingts jours*）仍然可以使我们对经验的极化思想进行首次格式化。儒勒·凡尔纳确实把旅行经验看作问题化。

这里是从赌注中对问题进行格式化的：在八十天内环绕地球一周。它建构为已知因素和条件的整合，并每次都计算最佳方案。问题的建构其实蕴涵着对若干类型之约束的承认：已知元素的约束和条件的约束。有一些约束纯粹是任意性的，如时刻表和交通网络的约束，它们可以是与现在不同的另外的样子，并根据海运公司或铁路运输公司的愿望而变化，有时甚至根据季节而变化。反之，条件界定了没有它任何旅行都无法进行的东西，如空间和时间的联动。但是，它们还决定着作为菲莱亚斯旅行特征的快捷性的命令性质。弗格像炮弹一样旅行，凡尔纳如是说。准确地说，他不是旅行，而是以最快的速度移动。根据所有这些约束，菲莱亚斯设想自己的问题的解决方案，即种种可能的路线，以及经过思考后一条最佳的路线（Fabre，2003 a）。这种问题化可以在一个菱形图案（指南）上来演示。

问题化确实要求某种认识空间的展开和极化。杜威已经发现了问题处理中延迟功能的存在，即推迟瞬时方案以有利于思考。这种推迟界定着平行轴线：问题—方案。然而，问题化还要求开辟一条区分已知因素和条件的纵向轴线。

这里例如，菲莱亚斯从他的旅行指南里寻找贴切性的已知因素（交通网络和时刻表），并同时激活监督功能，后者即考虑到问题的条件：（1）所有交通网络的各个支线之间是否连接，各种时刻表是否兼容？（2）这条路线是否是最佳路线，这里指的是最快的路线？问题空间的开辟及其通过四个方位基点的极化，构成对问题化方法的激活，四个方位极点包括问题的定位、寻找已知因素、认证各种条件和制订方案。把经验问题化就是从思想上确定方向，用四个极点展开某种问题空间。

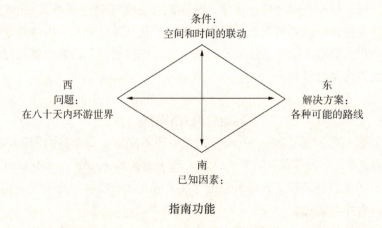

指南功能

我们很容易找到康德在《判断力批判》（*La critique de la faculté de juger*，1965）里所论述的共感的三条格言。问题化即拒绝偏见。然而，倘若我们站在任意他者的位置用扩大的视野考察问题时，这种扩大的思想也与问题条件的展开相关联，它们呈现为不可回避的必然条件，即强加于所有试图处理同一问题的人们。最后，问题化还是一种因果性思考，意思是说，解决方案的设想应该出自问题的建构，即出自已知因素与条件的耦合。根据对象是一个应该实现的计划，应解决的某种谜团，应该决断的某种争议，应该给予的某种诊断，问题化可以采取各种不同的形式。我们可以以不同的方式来区划问题：有观念问题、调节问题、解释问题，等等。问题化的运动可以以渐进的形式（从定位到解决方案）或倒退方式（自解决方案的批评开始）进行。每当有问题时，就有问题空间的极化。我们把空间的这种极化用指南的图像来表示。

问题化的维度

认识空间的这种展开和这种极化使问题化进程的四大特征浮出水面。

这里指的是某种多维度的进程，包括问题的定位、建构和解决。问题化，即从某种谜团、某次失败、某种争论开始并建构这些问题以期解决它们。这种程序展开了种种推论和参照系（观念和事实）的某种辩证活动。杜威对此给予了特别的强调，不管是科学的问题化还是日常生活的问题化（Fabre，2009 a）。同样，巴什拉尔、德勒兹或梅耶也把科学探索考虑为理论与经验的辩证活动，或者还有推论与参照系的辩证法。显然，这种辩证活动根据其对象是科学路径、修辞方法、艺术路径或哲学方向而采纳了各种不同的姿态。

这种情况同样也是已知和未知的辩证法，即建构一定数量的支撑点并从它们开始提出问题。这意味着三件事情：（1）如果没有支撑点，也就没有可能的问题域；（2）这些支撑点并非绝对性的肯定，而是临时性的架构；（3）这些架构稍后也可能在下一次问题化中被质疑，然而现在，它们作为种种预设、作为种种黑匣子而运作。只有当并非所有东西都被质疑时，才可能存在问题域。

问题化也是由各种规范（智识规范、伦理规范、技术规范、实用规范等）控制的某种思想，这些规范时而是预先确定的，时而尚有待建立。它们用来界定问题的各种条件并预设解决方案应该拥有的形式：它们构成问题化的框架。例如 U. 艾柯，他在《玫瑰的名称》（ *Le nom de la rose* ）里展现了三种调查：建立在某种逼供逻辑基础之上的专横式调查，建立在阅读《启示录》基础上的神秘主义的调查，以及建立在物质标志和证据基础之上的吉约姆·德·巴斯凯尔维勒的调查。三种不同的调查规范和调查调节的体系，或者还有三种不同的框架氛围。这意味着指责和赞扬行将依据的条件存在着根本性的分歧。

问题化最后还是真实的某种功能性图像化，它放弃包容一切并复制真实的做法，而更多地瞄准思考工具和行动工具的建构。

<h2 style="text-align:center">问题化的障碍</h2>

某种问题空间的开辟，认识空间的极化，是思想的某种赫拉克勒斯的工作类型，每个哲学家都试图以自己的方式理解它。柏拉图已经知道，没有象征的暴力就没有惊奇，而德勒兹乐于培植迫使我们思考的事件主题。至于巴什拉尔，则把问题化的各种障碍梳理了一遍。

第一个障碍可用下列公式来演示："没有问题，只有解决方案"。正如梅耶所说的那样，人们不怎么喜欢问题。上述这个口号可以有两种理解方式。问题可以设为思想的负面元素。正是这些问题把我们压垮了。于是考验方面居于主导地位（情感主导逻各斯）。因此我们很高兴没有问题，很高兴可能时避免它们。但是，这种情况遮蔽了问题的正面意义：提出一个诊断、制订一项计划、践行一项调查等。然而还存在着掩盖问题的第二种方式，即倒向解决方案一侧。当一个问题出现时，也就是说，当我们不能沿着老路走下去时，我们趋向于直奔各种可能的解决方案。这就是巴什拉尔在《科学精神的形成》（La formation de l'esprit scientifique）一书中所抨击的东西，当时，他把探索者的担心与舆论和偏见者的轻易性相对立。还有另一种避免展开问题空间的方式，那就是停留在它们的平面化，不区分已知因素和条件。梳理精神把各种事实汇聚在一起，除陈列和积累思想外没有其他要求。问题的重新考察展示了各种理论而没有评价它们的贴切性。这最后一个障碍被透彻性的关注所强化：不忘记任何东西，包揽全部真实。然而相反，问题化恰恰要求真实的图像化，真实被浓缩为它的结构及其突出特征。

问题空间的展开因而不是一蹴而就的。福楼拜（Flaubert）在《布瓦尔与白居榭》（Bouvard et Pécuchet）一书中已经表达了对他称作"笨拙"进行问题化的无能为力，而巴什拉尔后来则在《应用理性》（le Rationalisme appliqué）一书中给出了"笨拙"理论（Fabre，2003 b）。问题空间的展开及其极化是在反对单维的平庸思想和反对复制真实之目标、反对三维思想的情况下进行的，巴什拉尔把后者称为"占有"（Bachelard，1970 b，pp. 61—62）。占有并非知识，巴什拉尔还说，它既反馈到对真实的各种再现（例如这些原子的模型），这些再现让人们看到了但却没有让人们学到什么，也反馈到收藏者的激情，他试图通过混淆占有和知识而把真实封闭在自己的磁带里。对于这样一种强迫再现的态度，后者主导着平庸化的经验主义，我们可以说，它想包揽一切却发挥了抑制的作用。在巴什拉尔看来，真正的思想因而"多于记忆而少于占有"（同上书，第 61 页）。换言之，如果不接受对真实的某种功能性图像化，就没有问题化，图像化简化真实使之更易于理解。然而反之，没有某种双维度的展开，也没有问题化，双维度的笛卡尔坐标、芒德莱伊弗（Mendeleïev）图表的直行和竖栏构成了原型的范例。我们不妨说，那些东西就是"问题空间"，理由是它们所阐明并排列的各种信息可以用来界定已知因素和条件，亦即可以用来建构问题（Fabre，2009 a）。

图示功能

问题化的菱形图表达了认识空间的极化功能，问题空间的开辟和展开。这种方法回答了"什么是思维"的问题，正如杜威清楚预见的那样。我们也可以把它叫做精神的开启。但是，要避免把问题化的菱形图展现为某种普遍性的和空洞的方法论。除了它的指南功能外，它还拥有某种图示功能。这是什么意思呢？

方法与内容

首先，所谓思维永远是指思考某事。永远需要把形式和内容联系起来。杜威说，钢琴家的方法，就是他弹钢琴的方式。我们不要被"学习如何学习"的口号所迷惑。这确实是重要的一点，但是我们只能通过学习某种事情获得学习的方法。杜威清楚地看到了思考某种横向路径的困难（调查、问题化），但是为了恰当的实施，它要求熟悉试图展开活动的领域。如果说医生和仓库保管员两个人给出了很好的诊断，如果他们采用同样的方法，但是很幸运的是他们不阅读同样的图示。一份没有图示的指南因而没有任何意义。如果不具体对某事进行问题化，人们就不可能真正进入问题化。仅仅开启精神还是不够的，还需要用观念和资料武装它。巴什拉尔的理性主义和杜威的实用主义分别以他们的方式很好地理解了这一点。巴什拉尔赞美已经构成的各种学科，他把这些学科提升为知识探索的典范。他从知识的问题化中，看到了精神对于认识论障碍的某种胜利。因此，在他那儿，科学精神的形成只能通过已经构成的种种学科来设想。巴什拉尔把知识的意指价值化，同时考虑到了它们的培养维度（即知识之精神分析学所工于的表现一面或表达一面）。杜威更多地显示了在跨学科计划的某种教育学里对参照和表现的敏感性，但是并没有因此而忘记知识的意指。某种问题化的教育学因而不能把先天优良的脑袋与装满知识的脑袋对立起来。

讨论图示的功能还意味着，我们并不是最初的开创者，文化已经在那儿，各种知识已经积淀在书本中、传统中，积淀在教育者的经验中。当菲莱亚斯·弗格出发完成他周游世界的任务时，他的腋下仅夹了一本书，但这是对他最重要的一本书，叫做《布拉德肖陆地蒸汽机车转运及总指南》（le *Bradshaw Continental railway steam transit and general guide*），这本书给出了每日的所有铁路时刻和所有跨洋的航海班次。没有已知材料和条件就没有问题化，后者至少部分是由图示提供的。如果问题确实是提出它的主体的问题，这个主体只有把它纳入杜威所谓的"调查的文化矩阵"，才能建构并解决他的问题。思考指南与图示的耦合，亦即思考某种传递性的条件，传递性并非具化为对经验的模式化，而是要把经验推广开来。

什么是图示?

所谓的图示，既不能定义为它所展现的物体，也不能定义为它展现真实的方式。从温柔图示（carte du Tendre）到米什林图示（carte Michelin）或参观图，人们可以再现想象（l'Atlantide）、再现地理真实，也可以再现心理真实、观念真实、社会真实等。一种图示只能通过它的功能来界定，通过"它在社会交往进程中的人为定位和媒介定位"来界定（Jacob，1992，p. 41）。

最早被人们所熟悉的图示之一，是意大利北部蓬特角（Capo di Ponte）的图示。它雕刻在俯瞰峡谷的一块平直的石头上。那么什么是图示的功能呢？我们可以相对于从这个制高点上观看风景所带来的东西来领会它们。图示似乎复制了视点，但相对于视点，它同时又带来了更多的东西，亦缺少了一些东西。当制高点上的视线呈现为某种视野时，当它显示被自然障碍物（树木、平原的皱褶等）所阻碍时，图示定义为某种贯时视线，某种绝对视线。我们还可以相对于描写风景的话语来理解图示的功能：语言是序列性的，它只能通过碎片、通过描画路线、以"电影的"方式进行描述。相反，图示一下子就给出一个整体图、一览图。但不同的是，它可以从这种总体的保持一定距离的视点过渡到与环境捆绑起来：阅读图示要求标出读者所在的位置点，即"您在这里"。还有，当视野捕捉到一大堆混乱的浑然一体的信息时，图示则"把真实归类然后图像化"（同上书，第 43 页）：哪里有道路、小块土地，等等。最后，从社会的视点看，图示是集体生活的某种管理和调节工具。它指出产权的界限。这样它就是设计、联结和调节人类世界的某种手段。

温柔的图示

　　如何把图示功能与指南功能耦合起来呢？或者说图示何以能够通过把某种独特经验与被传递的文化耦合起来，而引导独特经验呢？我们从德·斯居德里夫人（Madame de Scudery）的《克莱丽，罗马历史》（*Clélie, Histoire romaine*）这本书中找到了由弗朗索瓦·肖沃（François Chauveau）所描画的一份图示，它显示了珍贵爱情经验的各个阶段，即温柔图示。这份图示给予我们图示功能的第一个例子，即用图示演示某种普遍的问题性，作为问题化的各种独特方式、各种独特路线的氛围。我们从中找到了指归给图示的所有维度：图像化、媒介化、聚焦的辩证法。

　　温柔的图示试图把 16 世纪的爱情经验图像化。温柔是这个国家及其三个主要城市的名称：风情温柔、评价温柔和感恩温柔。三座温柔城市位于三个不同的河流旁，它们分别是风情河及其两条支流——评价河和感恩河。在图示上，我们可以读到普遍的问题性：从新友情走向温柔村庄之一。如果通过风情河而去，问题再简单不过了，只需顺流而下：这是到达目的地即风情温柔城的直接路线。如果沿感恩河或评价河而去，那就需要遵从若干阶段，即需要穿过很多村庄。这种爱情地图也描述了种种危险地域：无情湖、危险的激情海、敌意海以及更远的陌生地。图示还预告了各种迷失方向的地段。如果过于靠右，危险在于可能要通过忽视湾、冷淡湾，最后进入无情湖。如果过于靠左，就会从不慎湾掉入不忠渊和恶意谷，再掉入敌意海。

　　这样，图示就可以阅读为某种问题性，在这个问题性的基础上界定一般问题、条件和已知材料。条件即作为 16 世纪爱情特征的条件：温柔而非激烈的爱情。人们于是指出了三大特别条件：风情、感恩、好评。图示还提供了下述资料：（a）用地域术语表达的心理类型（河流、城市、村庄、大海等），它们决定着爱情的可能阶段；（b）路线的某种类型化勾画了上述形态的可能发展。这样图示就构成了我的独特经验与珍贵爱情之普遍问题性的某种媒介。它可以使我结构我的经验，并确定我的方向，思考我的路线。这里我们实际接触了普遍问题与问题化的我的独特路径的耦合问题。从图示上确定我的位置，这就是要知道我处于爱情关系的何种地位。为自己定位，即发展某种解释学能力，以期使我清楚我的爱情状况并破解他人的情感状况。

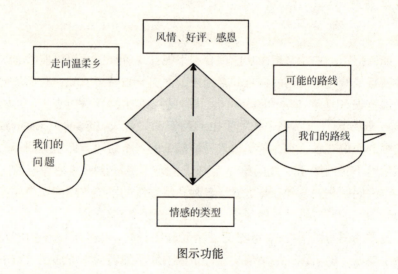

图示功能

自从现代性的晨曦开始，温柔图示就提供了当今教育图示的范式。它确定了某种条件式的规范性，后者既不服从模仿图式，因为它开辟了可能道路的某种多重性，也不服从大自然图式，因为它界定了爱情关系的某种历史定位性阐释。它确实反馈到某种个人经验，但是，后者可以受益于过去的经验，这些经验被格式化和传递。它参与了某种特殊的规范性，后者不再是单纯模仿的解决方案的规范性，而确实是结构经验的某种问题性。它不表述应该做什么，但是它确定了某种氛围并允许主体自己寻找标记，通过了解原因而自己选择其路线，总之，把自己的主观问题性记录在某种文化问题性的视阈上，后者陈述一定文化范围内的价值、重要性和意指。

教育者的各种图示

温柔图示只是一个对经验的普遍问题性的具有特别演示作用的例子，每个人都可以在这种经验的普遍问题性的基础上建构自己的路线并使其清晰易懂。让·胡塞（Jean Houssaye, 1993）的教育学三角形，向我们提供了图示与路线之间辩证法的另一范例，这次的图示以教师的职业培训为内容。因为如果说受教育者需要图示，那么教育者同样需要图示。强加于问题框架建构的种种方案的规范性的同样转移，也适用于教师和教育者的职业培训。

让·胡塞从自己的角度出发，确实进行了一次教育学旅行，但是他并不满足于叙述自己的独特路线。像一个勘探者一样，旅行归来时他带回了一份图示：教育的三角形。在这张图示上，除他以外的其他教师们可以学习自我定位，学习调整他们的路线并评价它。从个人路线过渡到图示，教育学家建构了理解教育学形势的某种范式。或者按照作者的语汇说，从一系列与某种职业生涯的各种事件相关联的独特"出击"的承续开始，教育学的探索一直上升到了游戏的结构本身。我们不妨用自己的语言说，理论家建构了问题性，把实践家相继找到的各种答案归并起来。这样，范例就提供了运行的规律、游戏的规则、或者还有教育学问题性的各种元素：第三律被排除、回归被排斥物的规律。这样，它就可以用来分析教育形势的复杂性。

范例界定了三种程序（教学、学习、培训），它们各有自己的结构，并共同界定了教育学问题的条件。在"教学"栏里，教师相当于以他的学科来定义，而学生则构成了被排除的第三者。在"培训"栏里，重心放在了教师与学生的关系方面，这就把知识放到了背景地位。最后，在"学习"栏里，学生与知识的关系被放在了突出的位置，而教师则"处于死亡"状态。这样，每种教育学选择都突出三角形的两个高峰而排除第三个，这并不意味着第三者缺失了或者被忽视，但是，它不构成游戏的轴心部分。这些程序只有依靠种种补偿现象才能"坚持"它们的逻辑：在"教学"栏里有一点"学习"和一点"培训"；在"学习"栏里有一点"教学"和一点"培训"；在"培训"栏里有一点"教学"和一点"学习"。另外，任何程序都可能发生偏移现象，因为被排斥的第三者有可能拒绝处于"死亡"状态并且发疯：在"教学"栏里，学生扰乱课堂；知识可以通过走私途经进入"培训"栏里；而在"学习"栏里，教师无法阻止自己不合时宜地介入。

如何制作这类图示呢？让·胡塞的论点把知性的三个层面耦合在一起：（1）可以说，反思对教育学探索者写入作品的实践情况进行了热分析。（2）这种分析从教育学的历史里获益匪浅，后者向它提供了一定数量的理论—实践的标记（新型学校、非教导型教学法、教育学传统等）。我们很容易明白，作为种种教育学理论的教育学为什么会在这里支持教育学对其自身实践的反思。（3）最后，这些分析可以创立运行的某种理论范式，相对于前面两个层次，后者构成某种新生层面，并发挥某种实践学假设的作用，有待于从其他实践的分析中，在其他教师的分析中得到检验。

图示的修辞学

在上文介绍的两个范例中，我们突出了主体自由选择自己路线的情况。我们想通过从指令到环境或者从强加某种解决办法到展现某种问题性（在这种展现中可以保证某种具体形势下的自由）的过渡，这样来标示教育修辞学的一般方向。然而，存在着许多中间情况或极端情况，需要在众多教育形势中予以考虑。如果说每一种图示都可以当做某种问题性来阅读，那么某些问题性开辟了众多解决方案，而其他一些问题性则只能强加唯一一条道路，最后还有一些问题性允许建立种种新的图示。

卢梭是单一路径图示的大使用者。他的各种情境的教育学模仿拉封丹（La Fontaine）《寓言》（Fables）的范式（Fabre，2009 c）。他试图以物教代替传统教育学大言不惭的言教。相对于现代人冗长的饶舌，他更喜欢古人以动作、体现行为或情境的符号为基础的修辞学（Rousseau，1968，pp. 421—423）。寓言确实是经验的可能建构的形式之一：它从某叙事中提取道德，然而强加于受教育者的是唯一的道德。只有一条道路可以走出森林，并重新回到蒙茂朗西，而产权规律通过罗贝尔园林工的话应用于所有人。那么，指南和图示具体表示什么呢？问题化的特征就是要把可能性与必然性耦合起来。问题可以接受多种解决方案或者唯一出路。关键问题在于理解问题的建构如何确立单一或多种解决方案。对于孩子们，卢梭说，只能采用强力或花招，别无其他选择。就算是吧！但是，这种花招并非某种简单的条件。如果教育者确实像寓言里的狐狸，那个编织着陷阱让人们学习的灵性，那么，还需要爱弥儿懂得这个教训的成立，即他能够为了自己重构被情境搬上舞台的问题性。他不仅应该找到解决方法（例如走出蒙茂朗西森林），还应该重构方向的问题性，后者将使他得以在任何森林里找到自己的道路。在卢梭看来，洛克错误地认为应该训练孩子对抽象事物的思维，因为这些事情超过了他们的能力。然而如果他指的是理解此时此地具体情境的支撑，那么，他是对的。不要让孩子阅读《狐狸和乌鸦》（le *Renard et le Corbeau*）这首寓言，他们会把它理解反的。让他体验寓言的环境，然后我们一起思考自命不凡的问题性。许多教育情境都要求这种类型的图式。例如当情境—问题只接受一种方案时，例如要找到某种科学的解释或者建立一种规律或观念时，这就是学校学习中的情况。这还是那些蕴涵着某种不可逆转之风险的种种教育情境的情况。例如卢梭就提出了这种多次出走的孩子的情况，不管他个人意愿如何，都需要匿名引导他并保护他，但是仍然要达到让他经历危险经验的目的（Rousseau，1966，p. 155）。

在幽灵的另一端，人们很容易想象到下述种种情境，其中这种或那种图示不适合世界的具体情况，甚至完全失效。在这种情况下，传达于是缺失了，我们很容易处于汉娜·阿伦特所担心的那种缺口（1972）。那么就需要新的几代人去制作他们自己的各种图示。然而他们能够白手起家、在没有任何文化传承的基础上去完成这件事吗？稍许能够让我们相对有点乐观主义的因素是，我们的文化遗产并不是单质的：它是由多种地质层、多种抽象水平和多重普遍化构成的。单就地理的隐喻而言，我们便拥有多种独特的图示，它们仅适用于世界的这个或那个地区，而我们建构了种种格尺，后者使我们既能够阅读已有图示，也能够从中培育出各种新的图示

（Brunet，1980）。① 建立新的图示要求回到格尺以便设计出前所未有的空间组合形式。得以产生活力的因素是，我们这个文化是由各种独特知识为基础，但是也拥有类型化的工具和基础语法（语言、数学等），还拥有象征性的结构（典型化的图像，神话）。形式工具和象征性结构发挥元标志的作用。某种陌生风貌的奇特性由已经存在的语言及其诗性力量来表述。爱因斯坦（Einstein）的相对论是从数学中建立起来的，后者至少部分已经是牛顿（Newton）的数学。弗洛伊德（Freud）只能借助于索福克勒斯（Sophocle）和俄狄浦斯（OEdipe）传说，理解他所发现的各种关系情结。

　　一页页文化就这样可以建构时代，并超越各种缺口而建立起它们之间的桥梁。由于文化的这种特性，我们才有可能在一个时间愈来愈快的世界里相信传递性。另外，正是时间的这种加速比以往任何时候都增加了关注某种自由教育的必要性，后者以经验的基本格尺或语法为轴心，没有聚焦于具体情境，因而适用于种种新情境。杜威深刻地理解这一点，他把教育界定为"添加在经验意指之上的经验重构或重组，后者增加了引导今后经验行程的能力"（Dewey，1983，p. 103）。增加引导今后经验行程的能力则要求建立各种图示与格尺之间的某种辩证法。

结　　论

　　在各种地位和角色都没有预先确定的问题性世界里，在果断性命令就是保持自我的问题性世界里，教育和经验的传递既不再可能按照指令方式，也不再可能按照模仿方式运行。因此，需要学习问题化。然而，如果问题化不接受先前已经存在之经验、已经积淀在文化中的经验的教诲，不接受专业知识和教育者及培养者的专有知识，那么，问题化就可能徒劳地运转。

　　谈论指南功能或图示功能意在避免窥视问题化进程的物化现象。事实上，认识论指南的关键点是把形式与内容、方法与知识耦合起来。例如追求珍贵爱情的条件就界定了情感教育的北方，至于爱情的众多类型则构成

---

　　① 格尺是建构某种真正的空间语法的种种形式工具。三大基础符号由点、线和面积构成，而它们的组合产生了网络。这四种形式可以以多种方式模型化，并表达主要的空间结构：网络、方格、重力、接触、向性、活力、等级等结构。

了需要考虑的已知资料的类型，同样，让胡塞尔的三种进程界定了教育行动的条件，即教育方向的北方。这些条件对于标记教育实践发挥着标准的作用，这些教育实践于是就接受了已知资料的定位。

在其"指南"功能中，问题化的菱形图瞄准着反思空间的某种极化。这样它就为双维思想的到来提供了条件，双维思想打开了问题与方案以及已知资料与条件之间的距离。在其图示功能中，它旨在在某种问题性中插入某种问题化，亦即在至少已经部分得到开发和类型化的某个空间中指出一条独特的路线。我们尝试这样来思考一个问题性世界里经验重组的可能性的条件。图示与指南的耦合允许考虑某种非指令性的传递：（a）确实存在着传递，意思是经验不可能以完全内生性的方式自我组织；（b）传递并不是以颐指气使的命令式进行的传递，而属于某种问题性的规范化；（c）这种传递要求接受图示的人具有反思空间的某种极化。

如果我们不再有各种图示，或者我们的各种图示不再对年轻人有用，这意味着某种代沟的存在，以至于任何传递都不再可能。那么，我们就只能把我们的各种图示埋进铁箱子，像儒勒·凡尔纳的这种令人失望的短篇《不朽的亚当》（*l'éternel Adam*，2001）里那些落水者所做的那样，把他们交给某种不可能的未来。

第 五 章

学习怀疑

在《论肯定性》（*De la certitude*）一书中，维特根斯坦（Wittgenstein）自称很接近实用主义（§422）。在布弗雷尔（1976）看来，人们在某些方面，确实可以把维特根斯坦的后期哲学看作詹姆斯（James）特别是皮尔斯（Peirce）之实用主义的某种建构。我们确实在维特根斯坦和皮尔斯那里，发现了澄清意义的某种尝试。而皮尔斯和维特根斯坦提出意指问题的方式里确实存在着某种明显的亲缘性，意思是说他们两人都抛弃了精神主义的选择。

然而，布弗雷斯还强调了另一种影响，即维特根斯坦 1920—1926 年作为乡村小学教师的教学经验的影响。不管这种教育学经验的重要性如何，肯定无疑的是，后期阶段的（1929—1951）维特根斯坦的哲学，特别是《论肯定性》这本小册子，永远把意指问题与学习问题耦合起来，这种做法这次使他与杜威很接近。例如"什么是数学？"这样一个非常具有认识论色彩的问题永远与下一个问题相关联："人们如何学习数学？"正是这种实用主义的和作为教育学家的维特根斯坦（尽管维特根斯坦的经验不怎么可以冠之以教育家的头衔）在这里引起了我们的兴趣（Clanché，2009）。

《论肯定性》是一本反怀疑论的小册子，同时又构成了对教条主义的某种有效抨击。正如众所周知的那样，维特根斯坦生命的最后几个月用来书写对怀疑主义的某种回答，他以批评的方式接过了其三一学院同事 G. E. 穆尔（G. E. Moore）的某些论据。这样维特根斯坦就提出了一系列意见，它们可以使我们坚实地把问题化与怀疑主义相区别。维特根斯坦说，应该学习怀疑，怀疑是某种可以学习的东西，可以与信仰同时学习。

肯定性与知识

维特根斯坦的论据化接过了穆尔对共感的恢复名誉之举，但是让它承受了一些变化。

为共感恢复名誉

G. E. 穆尔以其批评当时主导英国哲学界的唯心主义的论文而出名。在其 1939 年的论著《外部世界论》(*Proof of an External World*) 里，他提供了共感的某种论据，用以批评怀疑主义，他举起自己的右手说："这是一只手，"然后又举起自己的左手补充说，"这是又一只手。"他在结论里肯定说，世界上至少有两种外在的物质，因而，由于这个论据，他知道有一个外部世界。穆尔支持说，怀疑主义的论据必然呼唤种种哲学的直观，我们在很大程度上较少有理由接受这些直观，而更应该肯定被这些直观有意否定的共感。

穆尔的论据化在《论肯定性》中得到了长时间的讨论。与穆尔一样，维特根斯坦试图为共感的肯定性恢复名誉。下述这种类型的知识："这是一只手，在我诞生之前很久地球就已经存在了，"人们无法证明它们，但是，人们也无法怀疑它们。因为人们没有怀疑它们的理由。它们的肯定性是实用主义范畴的：生命的实践证实了这一点。地球在我出生之前很久就存在吗？我难道不能相信其反面吗？然而，这种相反的信仰会呈现何种姿态呢？维特根斯坦说，当你试图怀疑时，永远应该问一问这样一种怀疑像什么（§24）。事实上，这些知识界定着某种智识习惯的氛围，界定着我们这种语言的游戏，后者支撑着我们的思维方式。因而存在着前谓语性（antéprédicatif），即先于判断的种种信仰，它们构成了我们这个世界的坚实性。一切都是相互关联的！共感就这样界定了世界的某种形象，界定了我们可以依赖它区分真与假的传承根基。这是我们生命的神话学。在这种前谓语性根基中，大概有动物存在（§358，§359）。总之，正如布弗雷斯所强调的那样（1978），共感的知识不是被接受的，因为它们自身是自明的，然而还因为它们所维持的一切。没有它们，我们的世界即将垮台。

维特根斯坦的反驳

在承认穆尔论点成立的同时，维特根斯坦向他提出了三点反驳意见。

首先应该区分"知识"与"肯定性"，并把"知识"术语保留给已经被证明的事物（§8）。"我知道"似乎担保了某种事实形态。但是，"我以为我是知道的"这种表示法，显示了人们自以为知道某事但实际上弄错了（§21）。从下述命题"我知道它应该如此"不能得出"它确实如此"的结论。肯定性其实是对语调的肯定，至于它所肯定的事物的真实性，它其实什么也没说。同样应该把痛苦意识（属于肯定性范畴）与知识相区分，后者意味着应该赋予我们所知事物以正确性（§91）。"我知道"与"我以为"之间的区别，因而是类型的区别。两种表示方法之间的摩擦却可以反馈到我们的众所认可的信仰的基础中，存在着没有根基的信仰这一事实。维特根斯坦甚至说，基础信仰是基础建构的一堵墙，而这种基础建构承受着整个房屋。换言之，这些信仰所产生的世界的和谐，成为它们循环的基石。

第二点反驳：穆尔讨论的是各自独立的命题，他的问题是它们是否是毋庸置疑的。但是这些命题的肯定性在于它们编织了一个网络、一个体系、一种命题的"鸟巢"的事实。维特根斯坦试图为穆尔的每个命题找到一个合适的语境，这样它们就将不再是奇特的自明之理。最后，穆尔没有足够地强调我们的信仰其实具有共同体属性这一事实。一种语言游戏构成了一种社会实践、一种"生活方式"。"我们对此完全肯定"这种表达式并不意味着我们中的每个人各自都持肯定态度，而更多的是说，我们属于一个共同体，科学和教育保证了我们个人与共同体的纽带（§298）。正是这种肯定类型，适用于"我们之前很久地球已经存在"这句话的归类。对这样一种肯定性产生怀疑等于目睹我们生活期间并赖以思维的整个文化的倒塌。

因此，我们拥有一些并不成立的信仰，但是我们却无法怀疑它们，因为它们甚至支撑我们的思维方式。应该得出的结论是，信仰逻辑性地先于怀疑，怀疑只有以信仰和不成立的信仰为基础才是可能的。有这样一些情况，在那里，怀疑是有道理的；但也有另一些情况，在那里，怀疑是不可能的。然而在这两种类型的情境之间，它们的分界线并不是明显的。一切都依赖于我们处理相关命题的方式。无论如何，怀疑都要求支撑怀疑的种种理由（§121，§122）。从所有这些情况里得出的结论是，应该停止让一切都成立的臆想。这样，《论肯定性》就与皮尔斯的反笛卡尔主义对接了。清晰有序的怀疑是不可能的，因为我们不能怀疑我们所有的预设（Bouveresse，1976）。因此，我们的思想应该预设为无辜的，直到我们有理由怀疑它们时。肯定性从逻辑上和时间顺序上都处于最先位置（§115）。理性地怀疑某种普遍原则，什么意义也没有。怀疑永远是局部的。一个对任何事情都不敢肯定的人，也不敢肯定语词的意义。严格地说，这样推论的结果说明，怀疑者甚至不能表达他的怀疑主义。事实上，怀疑论的错误，在于相信我们可以借助于某种不预设任何具体知识和稳定知识的某种知识观念，叩问我们以为知道的事情。那么，如果怀疑论者承认一无所知，他何以知道什么是知识呢？怀疑要求种种肯定性："……我们所提的各种问题和我们的各种怀疑都建立在这种基础上：某些命题躲过了怀疑，如同这些问题和怀疑之运转所依靠的合页一样"（§341）；还有"如果我希望门运转，那么合页就应该是固定的"（§343）。这些合页具化为什么呢？这是否是说肯定性是一劳永逸的呢？躲过了怀疑的这些命题更多的具有原理和规则的形式。

怀疑与肯定性的耦合

我们希望超越维特根斯坦关于共感的看法，并发展他有关问题化及其建立的怀疑与肯定之辩证法的意见。我们认为，问题化的视野可以说处于维特根斯坦意见的空洞部分，即当他多次提到问题域思想与下述事实之间的空洞，后者即如果我们不能怀疑共感的某些知识，那是因为它们已经预设在我们的所有问题和所有答案之中（§103）。另外，反对怀疑论的论据凸显了下述现象，即怀疑只有处于局部时才是严肃的，亦即当某种实际问题真正提出时。

问题内与问题外

我们在阐释维特根斯坦的意见时，把重心放在了问题域，这样就可以把他的意见阐释为对我们提问时，何谓问题外的澄清。例如在杜威那里，调查呈现为局部怀疑，以这种身份它就从已经广为接受的意指视域中脱颖而出。如果是某种医疗诊断，那么我们感兴趣的就是皮埃尔的健康，而不是他的财务鉴定或者他可能是保尔的嫌凶这一事实。任何问题化已经决定，亦即界定了某种问题性的语境。在杜威那里，问题性情境只是环境的一个部分。当巴什拉尔把问题化变为真实的某种图式化，后者应该放弃囊括一切的做法，以便紧扣某个具体问题时，那里也是这样一种语境。这样问题化就勾画了它自身的界线。另外，我们还可以以这种方式阐释经典逻辑中主语与谓语的差异。

　　让我们以某种侦探调查为例。刑警提出了这样的问题，即皮埃尔真的是杀害保尔的凶手吗？这里有以某种内容或以某人为对象而提出的问题（主语）和真正属于问题的内容（谓语）。这里我们真正考问的是有关皮埃尔的行为，那么问题具体为弄清皮埃尔是否是凶手。在任何问题域里，事实上真正重要的是要弄清这是什么问题和问题的具体内容是什么。如果我问"皮埃尔是凶手吗"，那么，问题确实涉及皮埃尔，而不涉及雅克和让。皮埃尔确实是我的问题域的主体（或对象），亦即有关问题域所承载之人或事。然而，什么是我所提出的有关皮埃尔的具体问题呢？这里的问题不是要弄清楚皮埃尔是否不高、年轻或年老，而是要弄清他是否确实是凶手。谓语相当于真正在皮埃尔那里构成问题的内容。这样，所谓提出问题就永远是叩问有关某事（主语）的某种事情（谓语）。

　　因而，从问题学的角度看，判断可以阐释为问题域与问题外的某种辩证法。但是，在问题化的程序中，还应该区分问题外的若干类型。我们所谈论的形式调查，事实上就包容了一些不曾叩问的成分，它们可以是预设范围内的成分。例如皮埃尔是科西嘉人，而刑警对科西嘉人的暴力及其种族仇杀的风俗抱有某些偏见。刑警也许对自己的意见有相当程度的清醒，他甚至可以明确要求它们，但是它们也可以在他不知情的情况下发挥作用。总而言之，不要停留在对这种偏见的负面观念上，视其为下一次调查应该清除的东西。有一些成见是调查之可能性的条件。例如，发现保尔匍匐在大街上，一把尖刀插在他的背上的事实，就毋庸置疑地联想到某种凶杀而非自杀。这些成见即是维特根斯坦用心界定的诸多类型之一，这是一些大家分享的共同知识，它们使我们这个世界变得和谐并描画了我们的生活方式。另一种问题外类型涉及下述内容，即在某种既定的问题化里，被视作已经获得的知识。这种获得的认识可能来自这次调查之前的若干阶段，或者以前调查的结果。然而，问题外也汇集了我们肯定不曾经验过、或者亲自检验过的所有内容。即我们从书本或道听途说中学来的东西。例如刑警不会回到确实发生了凶杀、亦有许多证据突出了皮埃尔之凶残这一事实。最后一种问题外类型属于调查的范畴，如同我们在《玫瑰的名称》（1982）里已经看过的一样，它提出了三种不同的范畴，即宗教裁判所调查的范畴、神秘化的氛围和科学调查的范畴。这些调查的每一种都拥有其自身的种种预设。贝尔纳多·居伊以为酷刑揭示真相，于贝尔坦认为世上的事情都是超自然原因的成果，纪尧姆以为相反，一切都可以用理性来解释。没有任何人质疑他自己的预设，然而，每个人都强烈地怀疑其他人的预设。对于贝尔纳多·居伊而言，于贝尔坦是一个温和的幻想者，而纪尧姆挑战宗教裁判所调查的权威性。在于贝尔坦看来，宗教裁判所的调查构成对宗教的揭示，但是纪尧姆的高傲促使他把自己的理由置于一切之上。最后，在纪尧姆看来，宗教裁判所的调查建立在一些无效的方法之上，而我们最终应该采纳那些超越自然的原因，这当然是在所有自然原因都被穷尽时：根据奥卡姆的箴言，不要一再重复缺乏必然性的原则。

问题的联结

正如维特根斯坦所说的那样，根本的在于理解，怀疑（或者说作为局部和严肃怀疑的问题化）只能在某个未被叩问之对象的基础上，作为对另一对象的质疑而进行。于是把问题域比作一扇门的种种形象的趣味是明显的，门的开闭要求有固定的合页，或者把它比作陡峭的堤岸之间流动的小河形象的趣味也是明显的。维特根斯坦把这种不曾叩问的对象命名为肯定性，以便将它与知识相区别。这些肯定性确实构成了种种信仰，然而没有它们，问题域的过程就不可能发生。

显然，各种肯定性只能是暂时性的，并且与问题化的一定语境相关联。它们未来肯定可以被叩问，甚至在以后的问题化中再次被质疑。我们今天以为是已知的条件明天可能被摧毁。共感的这些肯定性被置于科学分析之下，后者把它们置于很不利的位置。问题化的各种范围本身也可以变化。我们今天很难看到一种刑警调查是按照宗教裁判所的调查方式或者于贝尔坦的调查方式进行的。问题化的各种成分其实完全是功能性的：它们的定位依据它们在一定问题化中的角色。在某个问题域中被视为某种经验材料的东西，在另一问题域中可以变成某种条件。维特根斯坦确实发现了这一点。他曾经说，同一命题在一种环境下可以被当作求证的对象，而在另一环境下可以变成求证的规则（§98）。它可能曾经受到过怀疑或未来将受到怀疑，但是现在它没有受怀疑（§211）。事实上，被认为确定无疑的命题曾经得到人们的多次证实，但是它们可以重新变回流动态，反之亦然（§95，§97）。问题化成分的这种功能性构成程序的一种基本维度。没有独立存在的已知材料或条件。同样，问题内或问题外的事实永远是相对于问题化的某种环境而言的。另外，正是在这种类型的问题性的关联中——在这种关联过程中，各种成分的功能发生变化——探索或学习的动力才发挥出来。例如，先前某次问题化的某种结果，为一次新的问题化提供了已知材料或条件，除非它在其中再次受到置疑。这种情况例如就发生在司法领域，当法官和律师重新讨论先前某次司法调查的结论时。如同公安机关所介绍的那样，问题的解决于是变成了某种相矛盾的检视的一种简单材料。这次新检视影响着先前问题化的材料，甚至可以置疑它的各种已知材料或条件。

在这种视野里，问题在于弄清"我知道"与"我以为"的区分是否还成立。我们不妨这样说，"我知道"建立在某种很好进行的调查结果的基础上：现在我知道皮埃尔是凶手（因为我有证据）。显然，尽管因为我以为知道的内容，一个新的事实可以倏忽而至，可能质疑调查的结果，并决定对诉讼的修订。因此，信仰与知识的区分显然是完全相对的。这里所指出的（在杜威那里和在皮尔斯那里一样），即真理（或真相）只是一种视阈而从来都不是一种结果。因而任何调查原则上都可以重新开始。

学习与怀疑

维特根斯坦说，"人们赋予怀疑一种错误的思想"（§249）。怀疑要求掌握某种语言游戏。而这种游戏是需要学习的。正是在这里，维特根斯坦关于教育学的直觉，可以帮助我们很好地设想对问题化的某种学习的要求。

问题化的要求

我们可以从维特根斯坦的小册子里获得的第一个教育学思想是，肯定性从逻辑和时间上都先于怀疑。因此，学习开始于相信（信仰）。没有这种开始，任何事情都是不可能的。人们总是想上溯到这个首次相信的此岸，试图建立它，但是"找到开端是非常困难的……从开端开始并且不再

上溯得更远是很困难的"（§471）。因此相信（信仰）位于开端。孩子
"因为相信成年人而开始学习。怀疑来于信仰之后"（§160）。学习意味
着对人们权威性的信任，意味着对各种教材的信任。如何来确定信任呢?
事实上，那里不需要某种特殊的程序。诸如排列、描述、叙述这些语言游
戏本身，介入了它们所参照之种种客体的存在。当人们向孩子指着一棵
树，孩子是在语言游戏中学习"树"这个词的意指的，这种语言游戏不包
含任何怀疑。如果确实如此，孩子就不可能不怀疑人们向他反复灌输的东
西（§283）。否则就意味着有这种或那种语言游戏是他无法学习的。

我们从维特根斯坦上述话语中可以获得的稍嫌仓促的结论是，把信仰
时间与怀疑时间相区分。拖延的举措在教育领域一直很强势：我的儿子，
等你长大了，你再去怀疑吧! 这种体系的缺点是人们永远不很相信儿童或
青年人，不允许他们怀疑。另外，对怀疑的这种延迟有悖于维特根斯坦的
论点：维氏的论点尝试着界定总体信仰或总体怀疑的不同阶段。然而，维
特根斯坦恰恰竭力从具体问题上为信仰或怀疑定位，这样每种学习都要求
肯定性与怀疑的某种耦合，即使每次怀疑都建立在首先相信的基础上。维
特根斯坦对此十分清醒："当孩子学习语言时，他同时学习了检查的必要
性和不需要检查的原因"（§472）。因此有许多事情，孩子很早就开始怀
疑它们。维特根斯坦说，这样就形成了某种信仰体系，这种体系是由支柱
信仰和或多或少的活动信仰构成的（§144）。毫无疑问，在信仰之后，但
实际上不会很晚，就会提出这样的问题："有独角兽吗?"（§476）事实
上，这些例外其实喻示着普遍规则：人们通常谈论实际存在的东西。对相
信圣诞老人的定位大概需要某种特殊的关注。孩子通过道听途说，发现圣
诞老人并不存在，于是经历了一系列失望性的经验。他同时体验到世界的
某种失魅，回到了自己过去的轻信，并且体验到成年人并非永远讲真话。
在性或孩子的诞生问题上，他大概有着同样的心路旅程。

这些失望性的经验迫使我们区别怀疑与肯定之耦合的三种维度。首先
是对成年人的相信维度。维特根斯坦很有道理地强调，学习要求这种信
仰。没有它，任何事情都是不可能的。一个怀疑自己老师的学生（怀疑老
师对他讲的话语和老师的种种许诺等）将很难学习。让·马克·拉马尔
（Jean Marc Lamarre，2007）颇有道理地强调，学校危机的原因之一来自老
师失去了自己的定位这一事实，来自学生们很难相信老师及其知识，他们
趋向于把这种知识相对化并且把它与父母或者媒体的知识相比照这一事

实。然而，正如维特根斯坦自己承认的那样，孩子很早就经历了成年人的幻化经验（§143）。如何告诉相信他身边的某人生活在月亮之上的孩子这是谎言呢（§106，§108）？某些失望性经验，例如对圣诞老人信仰的失望，大概被感知为心理相信的某种阶段。它们将由普遍的认同给予肯定，并接受共感及其肯定性"鸟巢"的支持：那么先前的相信造就了在这个世界上的例外形象，这个世界此后将按照物理和社会的规律来安排。诸如对上帝的信仰与此并不完全一致（§107），对上帝的信仰缺乏成年人的共识。

怀疑与肯定性耦合的第二个维度关涉对自我的怀疑。学习计算，这显然是相信老师的计算（§34），然而它也同时经历了怀疑时刻和验证时刻。知识上的种种失望产生了"我以为知道"这种经验，维特根斯坦强调这种经验旨在区分肯定性与知识。然而我们可以提出这样的问题，即任何理性的学习是否都不喻示着某种怀疑时刻和验证时刻。学习确实蕴含着相信老师所说内容的真理性，但是也喻示着对这种说法之成立的个人经验。这个时刻就是内在老师或自我对知识检视的时刻（Bachelard，1970 b）。那里也一样，应该避免阶段化：应该针对每次学习把老师的严谨性内在化，不要盲目相信自我的举动、相信自我最初的想法，甚至不要盲目相信老师的话，因为并不是他说了什么这就是真理。

最后还有对知识"客观性"的信仰维度，例如各种书籍和教材所展示的知识（§162）。这里也一样，如同刚才对教师一样，大概也有着相信书本的时刻和怀疑书本的时刻。另外，理解书本知识大概要求把它们的内容再次问题化。

权威性被质疑

无论如何，老师的艰巨任务，就是在问题域中调节怀疑与肯定性的这种微妙的耦合（Maulini，2005）。老师应该知道，什么时候怀疑是不恰当的，而什么时候怀疑才是合适的。维特根斯坦突出了那些如果老师任其发展、它们就可能堵死学习路径的种种怀疑。这样他就勾勒了权威性的某种认识论观念：老师是学习活力和孩子进步的责任人。因此，他对于问题与问题外的区分负有责任。权威性的认识论表述首先意味着禁止提问："不可能！"不许怀疑，不许打开这个黑匣子："我应该承认某些权威性，才可以拥有判断的可能性"（§493）。如同在奥古斯丁（Augustin）那里一样，理解的前提是信仰。那是因为老师是怀疑意指的担保者。对于不断打断解释的学生，老师回答说："……你的这些怀疑，现在没有一点意义"（§310）。那是因为要学习问题的语言游戏：在什么情况下怀疑具有启示意义，在哪些情况下怀疑将切断探索："学生（……）还没有学会提问。他还没有学习我们希望教给他的语言游戏"（§315）。

正是在这些基础上，我们可以建立教育领域权威性的某种问题学。人们经常根据许可和年龄的增长来理解权威性。于是它被理解为"种种开端的权力"，被理解为让孩子或学生成长的东西（Revault d'Allones，2006）。然而，从问题学的视点看，权威性问题与我们此时此地、在教育的这个阶段恰当与否置疑的知识问题相关。从潘多拉的匣子到兰胡子（巴波布勒）的城堡，整个一部神话学都在描写某种不恰当的好奇心所带来的各种困扰。权威性说，不要这样做！叛逆者对自己的冒险行为和冒险处境永远都有某种说辞！这里有着禁止与违规的某种辩证法，当巴什拉尔根据普罗米修斯情结这种违反某种普遍禁止的愿望，[①] 建立某种知识的精神分析学时，完全感知到了这种辩证法。这里的问题域游戏确实是与火的游戏。巴什拉尔的智慧在于把禁止与违规提升到某种真正的教育辩证法的地位。没有可能影响结构的禁止，没有对打开这种或那种黑匣子的禁止，心理的成长将处于危险状态。同时，任何知识的愿望，正如弗洛伊德明确看到的那样，都是违规的：他关心与他无关的问题，或者与其年龄明显无关的知识。

米歇尔·梅耶（1995）把这种瞄准权威性的不合时宜的问题域叫做"无礼"。无礼专门对那些答案自身成立且明显不应该对它们置疑的地方，自由置疑。无礼更多地瞄准了权威性而非权力，即某人高谈阔论或发布命令的性情（l'èthos）或正统性。性情即"关闭人们永远有权提问的这些无尽问题的链条"（同上书，第191页）。正是父母的性情准许他们结束无休无止的"为什么"。他们采用了拖延的各种方式（你以后会理解的！）或者纯粹的事实主义（事情就是这样，句号。完啦！）。梅耶明确强调了无礼的双重性。我们的父辈和师长们教授我们提问题，但是也限制并阻断我们的各种问题域。我们在学习自由的同时也学习了服从。然而有时候回答

---

① "我们建议把所有促使我们与父母具有同样知识甚至更多知识，与我们的师长具有同样知识甚至更多知识的这些冲动，都归纳在普罗米修斯情结的名义之下"（Bachelard，1949，pp. 25—28）。

父亲或者老师难道不是一件好事吗？当父亲或师长代替孩子或学生回答，剥夺了他表述自立的权利时，无礼经常只是"生存为自己"的要求，要求自己生存在差异之中。当成年人打断孩子的话语，宣称代替孩子回答他的兴趣、愿望、计划，并由此而认为比孩子更了解他时，哪个孩子不曾经历过这种被剥夺自我感情的日子呢？

海员的希望

在问题化中赋予怀疑与肯定性的这种辩证法何种意指呢？杜威以为，科学调查提供了既非教条化的、亦非怀疑论的某种程序理性的范式，程序理性对于认识和行为是自足的。我们不再有明确的链接对象，但是我们知道如何来总结并计算各种旅程。教育要求对经过历史现代性之批判后依然存在的理性的某种信仰，并相信它们所进行的理性与合理性的分离。

程序理性

杜威从现代科学的到来中主要吸取了两大教益。首先，科学路径是一种程序，这就迫使我们相对于存在而重视变化的价值。其次，这种程序是一种实践，这就要求我们修正理论与实践的对立。两种教益显然是互相关联的，并且引导我们全面重新检视先前的认识论，甚至包括现代人的认识论，后者指的是伽利略科学活力以来范围内的现代认识论。

杜威首先向我们展示，自古希腊人以来的哲学传统以探索静止不变的东西为特点。由此产生了理论与实践、理念与事实的区分。从柏拉图开始，真正的知识都与对永恒性、对存在和必然性的凝视相关联。经验知识和实践被贬值，因为它们受变化和偶然性的制约。杜威以尼采的方式，把这种肯定性的追求阐释为面对经验世界之行动和种种事件的风险性，而采取的某种躲避态度。哲学接替了宗教，崇尚偶然和不完美世界与另一种完美世界的二元对立。于是理念世界就呈现为那些有机会逃避实践范畴及其随机性的人们的庇护所。能够如此躲开生活世界显然属于一种阶级的特权。这种躲避的后果对于哲学传统而言显然是决定性的。此后，知识就不可还原地与这些稳定的、不变的、永恒的、脱离了自身偶然性的客体相关联：它们即是理念或本质。欧几里得（Euclide）的几何学鼓励某种纯粹理性的知识，而不参照经验（Dewey，1990，p. 13）。相反，关于变化的研究，尽管亚里士多德在其《物理学》（*Physique*）里的努力，仍然坠入了品质的模糊性之中，后者并不能超越共感的种种类型，也不能归结为某种可与几何学相媲美的科学。另外，这种知识具化为某种"观照"行为，它让被观照事物保持毫无瑕疵的状态，正如理论观念所指出的那样，后者反馈到对理念的凝视、反馈到蕴含着对其目标客体进行改造的实践的反面。这样，认识领域就与行动领域完全背离，既因为所考虑的对象类型不同，也因为与这些对象（这些客体）的关系类型不同。

伽利略（*Galilée*）科学的到来显然应该颠覆了理论与实践的这种关系，他那里的知识既显示为理性知识（如可数理化的知识），也呈现为经验知识（可实验的知识）。另外，现代物理学不再考虑对不变物质的研究，而恰恰从伽利略开始，以变化或运动为目标。最后，科学的处境不再可能具化为对理念的凝视。视界图式本身亦受到影响，因为新科学试图通过实验操作来认识它的客体对象。尽管如此，古老秩序的某种东西依然继续支撑着现代哲学，后者肯定落后于科学的步伐。

毫无疑问，当人们发现地球不再是太阳系的中心，并且怀疑宇宙可能是无限的时，某种危机就开始了，这种危机置疑传统文化的全部，并使人在世界中的位置变得神秘起来。现代人不得不寻找知识的新基础。然而，这种探索的特征，在杜威看来，依然是寻找某种固定点、某种绝对标记的雄心。笛卡尔宣称有一个杠杆和一个支点支撑着这个世界。这就是"我思故我在"；他尝试在"我思故我在"之明证性基础上建立知识。孔德、黑格尔、马克思更多地寻找某种视点，寻找历史的某种终点：科学时代、绝对知识、没有阶级的社会。但是，杜威论述说，这种寻找固定点、寻找阿尔法或欧米加、寻找起点与终点的做法此后显然是不可能的："界定这些探索（过去的哲学理论）的特点是：它们脱离时间和空间，竭力寻找不变性和终极性——本原存在的东西。一个新的成分进入了自然科学，但是也进入了道德标准和道德原则。事实上，自然科学因其自身的发展而不得不抛弃任何一成不变的设定，并承认在它看来，所谓普世性的东西，实际上只是一种**进程**（黑体字为我们所加）。但是，哲学像一般舆论一样，都把这种科学现象视为某种技术细节，而它实际上是前所未有的最具革命性的发现。"（Dewey，2003，pp. 19—20）。

这里有着历史的某种讽喻。各种现代哲学寻找某种固定点、寻找某种原理以便建立知识。而这种似乎可以一揽子为它们提供肯定性的科学，现在却向它们提供某种相对主义的教训。事实上，科学正是在其成功本身中向我们传授了任何真理的相对性。因为人们昨天相信真实的东西，今天却呈现出虚假性，今天认为真实的东西，明天有可能呈现为虚假的东西。科学远没有向我们提供某种绝对，而是告诫我们，一切都是程序，一切都在变化。而这种一切都在不断变化的思想，如今已经浸透了整个社会——杜威如是说。它甚至进入了"道德准则和道德原理"，亦即进入了集体精神、进入了时代精神、进入了人们的风貌之中。某些社会学家（Lipovetsky，1987）不再把时尚亦即人们生活方式（穿衣方式、行为方式、感觉和思考方式）的昙花一现式承继视作我们这个时代的强势特征，可是后者不是曾在 20 世纪艺术流派的狂热承继之中重新风云一时吗？

大概直到 19 世纪末，这种程序理性的思想才真正确立起来。这就结束了对理论与实践之分野的置疑。从此后知识不再从视界图式中去思考，而是从实践工作的角度去思考。认识世界不再是凝视理念，而是要改造现状。因为科学与技术有着内在的密切联系，于是改造的目的在于认识，而认识的目的在于改造。正如斯蒂芬·图尔明（Stephan Toulmin）为他的《肯定性问题》（*The Quest of certainty*）所写的导语中指出的那样，杜威大概是最先阐释海森博格（Heisenberg）原则的哲学家之一，按照这种原则，观察改变着观察对象，这种原则被视为最终放弃了知识的凝视观念和最终毁灭了理论与实践之传统对立思想的行为。在杜威看来，现代物理学其实逐渐具体地向变化思想皈依，而变化是现代性的标志。从此科学把变化作为对象，并自认为是一种理论性的实践，一种调查程序。在这样一种程序里，肯定性的追寻不可能从经验世界之外的某个深处获得，反之，应该以实验方法及其自我修正的能力和反射能力为基础。于是我们应该一劳永逸地放弃把肯定性作为完全不同于信仰的某种东西。我们只能通过试验方法，试图使我们的信念更坚实、更得到实证并摧毁那些最脆弱的信念。

视科学为程序的这种科学观把我们的某些同辈推向了某种怀疑主义。在他们看来，各种科学不过是种种虚构的集大成，与文学或神话是同一种类型。没有任何理由青睐这种类型的路径。由此可以看出，我们走到了何等混淆的地步。我们的时代既呈现为各种科学方法的极端严密化，亦呈现为非理性力量的上升。在杜威看来，恰恰相反，现代科学呈现为某种研究进程而非终极真理之汇集这一事实，向我们提供了我们所需要的理性楷模。它给予我们一种既非教条化、亦非怀疑主义的理性形象，一种勇于提出问题、乐于建立问题性、任何时候都呈现为进程的理性，杜威把它概括为调查。

液体世界

调查告诉我们什么呢？杜威的教益是，我们不再是地球人。尽管有种种新世界的发现，尽管有克里斯托弗·哥伦布（Christophe Colomb）和瓦斯科·德·加马（Vasco de Gama）的探索，现代人依然坚定地生活在地球上。他们全部追求某种固定点、追求某种绝对的肯定性、追求可以奠定人生并建立知识的某种基石。从此后，我们知道我们的世界像大海一样漂移和变化。它全部处于液体状态（Bauman，2003）。我们不再是地球人，我们成了海员。令人惊奇的恰恰是，发现这种临时的肯定性——在杜威看来，科学赋予我们这类临时性肯定性的典型——足够认识世界和正确行为。

梅耶说（2000），思想史可以理解为两种斥力程序之间的某种张力：问题学的斥力（le refoulement problématologique）与次批评的斥力（le re-foulement apocritique）。问题学斥力以各种问题的失效为特征。实际构成对种种问题之回答的各种思想和知识，遮蔽了它们自身的回答性质，而正面呈现为毋庸置疑的种种命题。当问题性斥力处于强势时，例如在传统社会中那样，轮到各种回答被叩问的任何可能性都是没有的。反之，当问题性斥力处于弱势时，世界变成了问题性世界：建立了知识肯定性和生活准则的各种标志模糊了。作为补偿，次批评性斥力旨在维持或恢复受到威胁的问题学差异，并把各种问题（属于问题性）与各种回答（属于次批评）相区分。古时候，当哲学代替神话时，当悲剧中的诸神远离人们时，次批评斥力对几何学的肯定性给予折中，后者变成了有效回答的范式本身。在现代性中，笛卡尔的举措把这种运动极端化。笛卡尔通过把怀疑与虚假相同化，试图建立理应有效的答案与理应没有答案的东西之间的严格分野。康德的三大批判也是这样。后来，实证主义以不同方式，把肯定性科学与文化的其余部分的分离永久化了。

对杜威而言，恰恰相反，应该完全接受真实的问题性，接受问题学斥力的衰弱。当问题学的斥力最小时，梅耶说，次批评性斥力则变得最大。但是，当问题域如此表达时，次批评斥力不再需要强化有效回答以便把它们与问题性相区别。它只需要在问题域自身的程序中，把各种问题与各种回答之间的持续差异模式化,指出什么是问题以及什么是答案。杜威把次批评斥力再次投入问题域的程序自身,恰恰做的就是这件事,从而使问题域与问题外形成某种辩证法。问题学的差异被很好地维持下来,恰恰构成了调查的灵魂本身。完全接受真实的问题性,等于把从问题学斥力衰弱中产生的回答视作某种实际的回答,而不要求"另一种回答",后者可能是"真正的回答"或者更准确地说"真实的"回答(Mayer,2000,p.292)。此后,肯定性不再可能存在于调查程序之外,存在于对经验的某种固定性和超验性参照。

然而,问题化要求某种有希望的原则,要求对理性的信仰。诚然,理性不是固定不变的,它在演变,然而,这种理性恰恰可以根据经验来演变(能够使我们从六分仪向卫星几何定位过渡的经验),这种海员的希望。无论如何这确实是杜威和巴什拉尔的希望:科学上的危机意味着理性的健康状态,并允许新型智识工具的创造。巴什拉尔说,理性首先是善于争辩。而这种争辩性的功能,就是问题化。杜威告诉我们,这种争吵的性格也是适合于我们世界的智慧。那么还需要发挥某种鉴别精神,而不要把婴儿与洗澡水一起倒掉。人们克制科学的希望大概是有道理的:科学和技术的发展并非自然而然地导致人类条件的改善,远非如此。孔多塞(Condorcet,1988)尽管对启蒙时代非常信任,已经把知识的机械性增长与某种有效控制的发展相区别,后者应该限制前者的偶然性危害和不平等的后果。确实,唯科学主义的意识形态导致某种破坏自由的技术官僚。确实,技术科学与产业资本主义、随后与金融资本主义的汇合产生的负面效应本身令人惊恐。但是,对唯科学主义、对技术官僚或者还有对资本主义技术科学的批判并不应该蕴涵对理性的摧毁,如果我们把工具理性作为理性的唯一可能的形式,交给工具理性本身,那恰恰就是对理性的摧毁。对理性非逻辑性后果的批判大概会导致理性与合理性的分离,导致工具理性与智慧的分离,但是,这种分离并不等于向理性告别。因此杜威说,对科学进步的叩问,也要求某种调查。

结　论

维特根斯坦在《论肯定性》里的第一个贡献,就是通过揭示怀疑一切的无意义而把我们从中解脱出来。只有当具有怀疑的种种理由时,也就是说，当具有问题时，才可以怀疑。尽管笛卡尔式怀疑是批判的靶子，我们也可以像布弗雷斯那样，认为论据主要在于反对怀疑一切。人们不能怀疑一切，怀疑一切没有任何意义："把一切都置于怀疑状态，不是真正的怀疑"（同上书，§450）。论据的对应方即放弃基石哲学。人们永远与已经存在的不成立之物打交道。我们永远不会从头开始，我们都在继续前人的行为。然而，人们恰恰可以摆脱绝对的基石来认识事物。杜威以自己的方式表达了这种思想。

第二种思想即语言游戏的思想。判断是一种语言游戏，问题化也是一种语言游戏。知识仅存在于语言游戏内部，因此，应该学习语言游戏的规则。须知，任何语言游戏都意味着怀疑与肯定性的某种暂时耦合和语境性耦合。如果我们怀疑物理实验的材料，就无法进行这种实验，如果不相信自己的记忆力，就无法进行计算……（同上书，§337）这似乎是一种超验性的经验，意思是说，这些肯定性与其说来自经验，毋宁说它们是使经验成为可能的东西。它们是经验和学习之可能性的条件。从这个意义上说，学习问题化要求对老师的信任。维特根斯坦就这样发挥了关于权威性的某种认识论观点。权威性较少集中在老师个人的身上，而更多地凸显在语言游戏之中。权威性是鼓励或中断怀疑的东西。

第三种思想是，每种语言游戏都是学习的对象，这意味着，并非仅仅各种内容需要掌握，而那些姿态更需要掌握：不相信独角兽的科学家的姿态，对于吃人妖魔和其他神话实体之存在这一话题把自己的怀疑掩盖起来的迷狂性读者的姿态，同意把地球视作"蔚蓝得像橙子一样"的诗人的姿态等。维特根斯坦向我们展示了获得种种内容与获得支撑内容的语言游戏的不可分离性。

最后，没有比维特根斯坦下面提供的关于经验的更好的定义了，"同一命题时而可以作为有待经验验证的对象，时而可以作为验证的某种规则"（同上书，§98）。事实上，经验的特性并不仅在于进行新的学习，而在于找到更好的标准：方法本身来自于经验，但是它也服从于经验。正是这种功能的辩证法以及它们引发的问题性的各种链接，把理性界定为程序。而由于这种调查程序，我们才可以毫不遗憾地放弃这些绝对的肯定性，而现代人依然在寻找它们。

第 六 章

问题的意义

　　问题性世界的教育，要求把问题的意义提升为某种新的性情（èthos）。杜威、巴什拉尔和德勒兹分别以自己的方式发现了这样做的必要性。在《肯定性问题》（The Quest of Certainty）一书中，杜威把接受性情（l'èthos de l'acceptation，杜威认为接受性情是希腊和中世纪哲学的特征）与受伽利略科学影响的控制性情（l'èthos du contrôle）相对立。这种性情试图对各种事件作出积极的反应，要求热爱种种问题。[①] 诚然，许多问题把我们压得喘不过气来，但是一般而言，问题是精神的食粮，也是精神的构成。杜威继续说，经验从问题到问题，寻找某种平衡，后者永远重新受到置疑。希望获得一劳永逸的平衡，不啻渴望精神的死亡。巴什拉尔也把问题作为积极探索的顶峰和科学精神的构成核心。因此，在他看来，学校应该启发学生们对种种问题的兴趣。

　　我们知道，问题化的努力碰到了多少障碍。似乎更根本地说，正如梅耶所强调的那样（2000，p.1），"人们不怎么喜欢有问题的东西"。他们通常鄙视问题并希望避免问题。我们下面将分析这种厌恶问题的两种形式，这两种形式在我们今天尤为猖獗。人们把面对存在之问题性的焦虑型逃避态度称作"完整主义"（"intégrisme"），它导致人们躲避在绝对置身于问题之外的传统或者文字中。人们把"相对主义"（"relativisme"）的极端版本界定为，用临时性的问题不足以确定问题域时，拆解后者的某种怀疑主义。在两种情况下，都不再可能有问题化。于是，我们就能够理解

---

　　① "没有任何事情如下所述，即某种科学精神对其更感遗憾的是，它的延伸条件里没有更多问题。这种状态将是科学的死亡，而不是它的完美的生活。"（Dewey, 1990, p. 81）

培养问题化的症结所在。在什么条件下，学校可以为此作出贡献呢？

然而，谈论对种种问题的接受或面对问题时的逃避态度，喻示着问题化不仅是某种理性行为。人们不仅以自己身体同时也以自己智识经受着各种问题。如何思考问题域与考验的这种耦合呢？后者是培养某种问题学性情的根本问题。

在完整主义与相对主义之间

文化危机刺激了两种相反的反应，相对主义和完整主义，它们是晚近现代性的两种老年病。第一种对某种他认定的解决方法（他自己提出的方法）百般庇护。而第二种呢，则认为所有的解决方法都一样，因为不可能有主观性标准以外的其他标准。当世界不再是某种星球，也不再是前进进程中可标志化的某个阶段时，它就只能是某种问题域的对象。难道不应该围绕着这种问题域而培养学生吗？对于某种问题学的思想而言，真实就是我们的问题和我们的回答的实际性，即超越了我们的所有回答并没有终结地再次抛出问题域的东西。① 而完整主义和相对主义恰恰不理解这种问题域。

解释学模式

人们可以在世界的问题性面前焦虑并反躬过去的各种回答，否定他们的回答性质，并忘却他们仍然极力想以自己的方式所解决以及需要以新代价重新提出的问题。从某种解释学视点看，我们可以把这种传统主义解释为某种完整主义。解释学赋予文本模式以优越地位并且将其普遍化：它把世界视为一个有待阐释的文本。从这种观点看，完整主义是一种注重文本文字的阅读。完整主义者紧扣各种语句，把它们作为与其语境相分离的种种成分，作为与其问题域相隔绝的种种回答。② 相对主义也无视问题学的

① "现实即是提出问题和人们通过叩问它而回答的东西。尽管并随着人们的回答，它是依然永存的 × ……"（Michel Meyer, 1997, p. 65）

② 完整主义只是把逻辑命题主义选择（从亚里士多德到弗雷格/Frege 和拉塞尔/Russel 的选择）推向其结尾，在梅耶看来，后者属于意义的某种物化，理由是，在逻辑命题的分析中，与作为某种语境或某种问题的某事情的任何关系被遮蔽了。然而，任何问题都是一种回答，但是在排斥它所回答的问题时，这种回答趋向于逐渐被遗忘。

差异。① 但是这次，通过与完整主义相反的某种运动，它把文本的问题性压缩到每个句子，这样就把任何回答当作一个问题和一个没有答案的问题，以至于多义性到了无法控制的程度。

因此，应该澄清文本模式。如何到达某文本的意义呢？在某种问题学的视野里（Meyer，1992），阅读是一种解释学活动，因为文本性是双重意义的一种特殊情况。在文本的忠实意义上，给出了某些回答，只有当读者上溯到其语句试图回答的问题（通常是隐性的）时，这些回答才是可阐释的。读者从文本的每个句子开始才能接触到它的意义。但是寻找例如《布瓦尔与白居榭》的意义，就要求从每句话的忠实意义上溯到它们的引申义。而这种引申义构成文本回答的问题，在每个句子中是问题的东西，却不一定是文本的明显问题：例如，这里的笨拙问题或无法问题化的无能问题。因此，应该同时说，问题超验于各个语句的忠实意指，又从某种程度上内在于它们。意指确实存在于文本之中，但是作为其语句之全部的引申义而存在。因而任何文本都展开某种问题学的维度。而理解文本则要求区分两个层面：回答层面（明显的语句层面）和问题层面（通常是隐性的），上述语句构成了对这些问题的回答。在梅耶看来，如果说一部文本的意指确实存在于其语句所反馈的引申义中，或者存在于它们所解决的问题中，那么就应该设想问题域的结构内在于文本性本身之中。意指并非按照字面意义存在于文本中，但是它确实内蕴于文本中。因此，既不要像结构主义那样，从文本的编织构成中寻找意指，也不要从文本外，从作家、读者身上或语境中寻找意指，像文学史那样。无疑，历史语境对确定文本所构成的问题很宝贵。另一方面，读者确实根据自身独有的某种视野叩问文本。作者大概也从其文本中表现出某种言说意图。然而，通过所有这些材料，需要捕捉的，乃是文本的问题性，作者和读者都被包容于这种问题性之中。

对于同一文本，多元化的阅读永远是可能的，因为忠实意义可以赋予多种引申性阐释，如同接受美学所指出的那样。但是问题学也可以从相反角度为阐释设立界限，因为引申义应该能够反映出文本的字面意义，"后者不同于随意性的情境"（Eco，1992，p. 41）。这样，文本就属于某种有

---

① 当理查德·罗蒂说，与其说相对主义指示着某种前后一致的理论，毋宁说它指示着哲学里的某种理论怪物。他似乎是正确的。然而，各种相对主义的态度却依然存在着。

序的多义性。那么，阅读就是发现在哪些段落里文本迫使读者去理解，以及在哪些段落里文本让读者去自由阐释，即那些问题性的段落和那些构成种种回答的段落。文本的意义确实存在于构成这种意义的某种问题性或各种问题性中，不管后者可能拥有何等的多重性。而可能产生的各种阐释差异，最终都应该就它们谈论的是同一文本这一事实取得共识。它们应该一定程度深入地就什么是问题或什么造成问题取得一致意见。但是没有关于一定问题性的这种一致意见，甚至也就不会产生阐释冲突的可能性。因此，阅读与调查相对应，关于意义的某种调查也包含了问题域与问题外的某种辩证法。

　　这种阅读的问题学从哪些方向使我们能够界定完整主义和相对主义呢？文本的精神确实存在于文本试图回答的问题中。完整主义关注各种回答而不屑于知道这些回答可以回答哪些问题。耶稣曾经问那些伪善者们，难道不应该打破萨巴特的休息而去拯救即将淹死在水井里的动物或者拯救他的病人邻居吗？对于完整主义者而言，上帝为了萨巴特而造就了人，而不是为了人造就了萨巴特。完整主义者完全无视文本的问题性，用其自身的问题性代替文本的问题性。那么，文本的忠实语句回答的是完整主义者的问题，完整主义者是某种绝对激情、绝对的肯定性、绝对命令、绝对的安全性，甚至绝对权力的体现。人们说，完整主义坚持传统而拒绝对传统的叩问。然而，事实上（伊斯兰教的完整主义证实了这一点），完整主义者的传统是一种重新创造的传统。由于完整主义拒绝文本的问题性，它只能把自身的各种问题投射在文本上，把自身面对自身问题并把它们普遍化时的焦虑投射在文本上。[①] 相反，在相对主义者看来，阅读行为永远是独特的，阅读行为确定意义：读者即是文本的衡量者，如同普罗塔哥拉斯（Protagoras）[②] 这个人可以衡量所有事物一样。在这种视野主义里，我们发现某种接受美学的立场被极端化。[③] 那么，所有的回答都一样和所有的回答都有问题，这两种说法殊途同归。总之，完整主义把其自身的阅读提升

---

　　① 　关于完整主义的这种形式定义应该与宗教完整主义的历史（与教皇庇护九世同时代的天主教的完整主义，或者当今伊斯兰激进分子）相比照，但是也应该与意识形态的各种完整主义的历史相比照。关于伊斯兰教的完整主义及其所产生的反应，参见 Rachid Benzine（2004）。关于天主教的完整主义，参见 René Rémond 的著作（1989）。

　　② 　古希腊评论家。——译注

　　③ 　如同我们在沃尔夫刚·伊泽尔（Wolfgang Iser, 1976）那里已经看到的一样。

到某种强制性的普遍性：它用独特性甚至于个别性（邪教）造就普遍性。而相对主义则把普遍性拆解于独特性或特别性（趣味的共同体）之中。

某种审慎的普遍主义

在问题性世界也是一种多元世界、是一种人种和文化上色彩斑斓的世界范围内，我们就理解了跨文化教育的症结。人们可以冒险提出某种"审慎的普遍性"而避免相对主义和完整主义两座暗礁，审慎的普遍主义一如在伽达默尔（Gadamer，1976）所推动的解释学对话中那样。在这样一种视野里，任何先验性确立的普遍主义都受到置疑，而有利于被思考为人们之间的对话视阈的某种普遍主义。在伽达默尔那里，有着以倾听别人、承认自己的观点有可能犯错误、接受他者之修正和代替、寻求同一性与他者之间某种共同点为特征的某种对话伦理学。我们很容易理解，其实在下述范围内，这种伦理学奠定了某种教育学，即对话不仅要求某种认识论的去中心化，还要求某种向他者开放的伦理学。

然而，解释学的对话似乎被置于某种双重张力之中：同一性与他者的张力，显而易见，但是也包括个别性之间、每个人的独特性与他们的共同性之间的张力。如果我们把两种张力推到终端，我们就会被引导到，一方面承认相对主义的某种形式，而另一方面寻求某种普遍性。对话中的相对主义即承认他者不可缩减的个别性的相对主义。对他者的这种接受甚至发展到承认他者不仅有其理由甚至于有理。这是启蒙时代的相对主义，即狄德罗（Diderot）在《布甘维尔旅行补记》（le *Supplément au voyage de Bougainville*）中的相对主义，孟德斯鸠（Montesquieu）在《波斯信札》（*Les lettres persanes*）中的相对主义。然而另一张力把个别性一端与普遍性一端辩证化。伽达默尔的"视界融合"只有在问题学的差异中才可以想象。理解他者，即超越解决方案的层面而向建立各种方案的种种问题层面上溯。我们因为赋予对我们而言具有共同性的各种问题的解决方法而产生分歧。从这个意义上说，人类首先由问题的某种共同体来界定，事实上在这方面，任何人类的东西对我们都不陌生。各种亲缘体系是不同的，但是问题永远在于要知道如何把联姻与血亲交叉起来。我们拥有各种不同的宗教，但是我们全都寻找是否存在着可以赋予生命的某种终极意义。对种种共同问题性的这种承认，超越解决方法的各种差异性，构成某种跨文化教育学的理想。①

这个任务似乎是困难的。有时需要站在很高的高度来认证我们共同的问题性。例如，西方的个人主义如何能够理解并接受一个整体主义社会的价值呢？个人主义和整体主义是对人与社会关系问题的两种回答。只有当整体主义者承认，团体的压力可能损害其成员们的发展；另外，只有当个人主义者承认，在他的社会里，自由经常要付出昂贵的孤独代价，对话才可能继续下去。因此在这里，我们只有重构问题，才可以上溯到某种共同的问题性：如何并以什么样的条件把个人自由与社会关联耦合在一起呢？这种重构要求每个人放弃维护其解决方案或维护其文化的态度，放弃像整体主义者那样把它们作为某种绝对。但是它也要求放弃某种相对主义的态度，后者满足于记录不同，而不尝试让两种观点碰头。

妇女的条件构成另一个例子。性别角色的差异化和她们的社会阐释似乎构成了某种普遍的问题性。然而，一些西方人乐于指责让妇女处于服从地位的各种意识形态，后者奠定了这种或那种文化解决方案。但是，我们倾向于忘记了我们自己在这个问题上的彷徨和我们在这个问题上很晚近的现代性。诚然，传统社会可以从西方学习对性别平等的承认，条件是西方没有忘记它需要走过的漫长的解放道路才赋予妇女以投票权，以及它尚需要历经的进步路程才能实现某种真正的条件平等。

通过文化间的对话上溯到各种问题性确实构成了对某种普遍性的追寻，但这是一种谦虚的、不事张扬的普遍性，蕴含着某种伦理一致的态度，志在把它认为对别人很合适的各种要求首先应用于自己。因而，这种追求采用了某种寻求把我们自身包括在内的种种共同问题性的形式。另外，这样一种对话并非仅是会话的事实，它被历史所承载。不管人们愿意与否，全球化让各种文化之间沟通起来。且经常直至在阶级的范围内也变得愈来愈具有多元文化的性质。另外，某种共同问题性的建构，并不意味着在某种普遍化的和解中消除所有的差异。而视界的融合甚至可能落脚于发现某种或多或少尖锐的不和现象。

事实上，对话有三种可能的出路（Abel，2000）：（1）就某种解决方

① "通过自身的各种差异性而丰富自己，因为从根本上说，我们大家都是一致的，这是跨文化假设的哲学思想"，马蒂娜·阿博达拉—普雷塞伊（Martine Abdallah-Pretceille）和路易·波歇（Louis Porcher）（1996）如此强调说。然而，如果不展开问题学差异的两个层面，我们如何在身份中维持差异性的矛盾呢？

案取得一致意见；（2）围绕各种解决方案意见不一致，但对问题性意见一致（小争执）；（3）对问题性意见不一致（分歧）。人们可以在解决方案上意见不一致（小争执）。例如，大概很难让一位西方人接受整体主义社会的合理性，不管是传统社会还是乌托邦式的最佳世界向他所建议的那类整体社会。从理智上，人们很能理解把我们包括在内的共同的问题性，但是从伦理学和政治学视点上拒绝整体主义的答案。人们也可以在问题性方面意见不一致（分歧）。例如，知识界关于妇女条件的对话经常无果而终，因为在解决方案对立的背后，问题本身的构成中文化定位的色彩太浓。那么我们不禁要问，什么是真正的普遍性的视界。它具化为输出西方的妇女解放方案，或者更多的是承认某种有关解放的更广泛的问题性，在这种问题性里，少数群体的出路有可能采纳并非必然是西方所青睐的许多形式。从这里我们可以看出，对话要求承认某种分歧，尝试在问题性上更上一级，以另类思路建构问题。

普遍性的要求归根结底建立在下述赌注之上，即超越各自具体的历史，人类只有一部历史，或者还可以说，找到"共同人类视界的一个聚合点，它是所有各自民族历史的无影点"（Ricoeur, in Hocquard, 1996）。①那么希望在于相信，我们终有一天会就种种共同的问题性取得共识。这绝不意味着禁止肯定自己的喜好，禁止青睐这种或那种解决方案。普遍性的目标要求，一方面，拥有信念并坚守某种位置，而另一方面，保持向自己方案以外的其他可能性的开放态度。这是否意味着不会有某种终极性的分歧呢？不会有某种人们不可能妥协的价值吗？没有提问、问题化和选择的权利和实际权力，就不可能存在个人之间和文化之间的对话。这种情况不会把西方的生活方式作为某种绝对价值，而要求每人拥有这种最低的自由，即当康德把无畏精神（sapere aude）作为启蒙时代的格言时是他试图张扬的最低自由。这样，我们就再次发现了走出年少时代、接触自我思考的责任性的解放思想。在某种问题化的政治学里，解放（不管是民族权利的解放还是个人掌握自我权利的解放）都不能被视为西方的某种专利。

完整主义的激情与相对主义的激情

在什么样的条件下，我们可以避免完整主义和相对主义呢？当我们严

①　无影点或没影点，透视画中平行线条的会聚点。——译注

谨看待解释学对话所内在的认识论要求时，就会明白，它只能在问题学的差异中进行。因此，我们应该把向他者开放的横向维度与问题学的竖向维度交叉起来，后者要求区分解决方案层面和问题层面。向他者的开放实际上不仅指示着对忠实于问题对象（如同伽达默尔所说）的关注，还指示着对每有可能即建构某种共同的问题性的关注。

完整主义和相对主义是对世界之问题性的两种不同的激情反应。完整主义是一种试图阻止问题化进程的无奈努力，而问题化进程不仅主导着科学方法，也主导着社会的所有领域。宗教与激情一样，旨在摧毁问题性。前者通过取消已经存在的所谓永恒性答案中的种种具体问题而达此目的。后者则通过摧毁问题学的差异并把永不满足的无休无止的探索变成问题本身（Meyer，2000，pp. 460—465）。我们更喜欢狩猎，超过了猎获物，帕斯卡尔（Pascal）在他分析消遣的文章里已经这样说过。完整主义，不管是以宗教的、政治的或意识形态的成分为内容的完整主义，都把两种企图聚积在一起：对文字本身的着迷。意义存内在于毋庸置疑的字面意义之中，存在于符号的物质性之中，如并非人为创作的《古兰经》的符号里，《圣经》或小红书的符号里。已经书写成文的各种答案先于我们的问题。①同时，这种文字也是某种无休无止的追求对象，原因是，书籍源自过去，而阅读应该把它现在化。把文字变成自我的文字要求对其作出或多或少的阐释。应用于教学或预测（微妙的应用）中的各种困难，要求使用阐释学的另两种时刻，即能够置身于他人位置的理解能力（微妙的理解）和澄清文本种种晦涩之处的能力（微妙的解释）（Gadamer，1976）。简言之，完整主义承载着某种内在矛盾：它想回归的文字实际上已经是位于历史上的某种阐释，而它却试图将其意义凝固化，把它作为永恒的经典。相对主义则以自己的方式，无视任何问题化程序和对世界的任何阅读都要求的怀疑与肯定性之间的辩证法。它断言，所有的解决方案皆如出一辙，而不愿稍费辛苦地上溯到建构这些方案的各种问题。然而，这些方案却充斥着它们试图回答的各种问题性，它们自身也残存于非理性之中，且只能参照兴趣、或者随心所欲、或者还有某种无人承担的种族中心主义。

①　"人们面对任何问题都不可能穷尽这种问题性的深渊而体现出来的担忧，引导他们转向那些一劳永逸地终结自我之问题性、他者之问题性和物质世界之问题性的种种答案"（Meyer，2000，p. 471）。

对肯定性的折中如同对问题域的开放一样，只有作为问题化进程的时段才有价值。完整主义与折中主义一样，把问题内与问题外的辩证法物化了，把这些成分变成了种种绝对，而它们恰恰只有相互面对时才有意义。相对主义落脚于某种无休无止的怀疑主义。反之，完整主义则把这种短暂的休憩绝对视为问题化的局部怀疑所要求的问题外，我们上文已经看过，局部怀疑从来都不是古人的怀疑主义，也不是笛卡尔的超级怀疑。由于相对主义和完整主义物化了问题化的进程，它们只能陷入种种内在的矛盾：相对主义把怀疑时刻绝对化，而完整主义理应承认，文字的绝对性永远相对于某种阐释。

学校与问题化的学习

在我们这样一个问题性的世界里，完整主义和相对主义不是抽象问题。它们威胁着问题化的理性主义。我们的科学社会同时面临着宗教的或宗派的完整主义和非理性的相对主义，这并非微不足道的悖论。对进步所造成的种种破坏的批评将会使我们永远失去启蒙时代吗？学校理所当然地呈现为某种可能的抵制场域，有望张扬诸如"某种开放的理性主义"的东西，如巴什拉尔所说的那样。自然还需要它不因为无视各种知识之问题性的命题主义认识论的压力而窒息。反之，对这种问题性的承认何以能够避免相对主义和怀疑主义的暗礁呢？

知识与问题

老师们通常都抱怨，学校以前可以完全平静教授的种种知识，例如进化论，现在则受到了学生们的质疑，后者经常借用种种意识形态的论据化，尤其是宗教方面的论据化，这些论据化与学校无关。另外，一般而论，教学，尤其是各种科学的教学，今后不再免受下述影响，即有关科学发展对生态环境、广而言之对我们社会未来之冲击相关的意识形态动荡或政治动荡的影响。这种影响达到了这样的程度，以至于提出了这样的问题，即学校是否应该局限于对"冷"知识的教学，而把争议性知识之问题化的进展留给公共辩论，或者可能时并以何等谨慎的态度，学校也可以冒险处理那些热点问题（Legardez, Simmonneaux, 2006）。我们并不否认这些社会热点问题给老师们带来了很多困难，但是可以在某种认识论的视野里支持下述观点，即如今某些教学受到学生们的质疑，这一事实适逢其时地告诫我们，任何知识都不是自然而然的，它处于某种问题化的辩证法之中：任何知识既呈现为对一些问题的回答，又提出了种种新问题。

然而，慎重衡量这样一种表述方式的影响很重要。断定任何知识都相对于种种问题这种看法包含着两种意义。首先是心理学意义，探索的进程确实是从某种问题域开始的，这种问题域如果得到很好的引导，将会引向某种解决方案，后者构成某种新知识。在这种视野里，问题呈现为某种构架，人们一旦找到解决方案后便可以停止。从这种意义上说，问题确实湮没在它的解决方案中。但是这种心理学的观点显然还不够。在某种认识论的视野里，即使解决方案找到后，问题依然存在，以建构了解决方案的身份存在。如果说任何知识都是某种回答，理解这种回答则要求了解它具体回答了什么问题。牛顿定律确实是科学界所接受的种种解决方案，科学家们一致认同这些方案，即使它们应该纳入例如爱因斯坦相对论那样更广泛的整体之中。它们不再成为问题，意思是说，它们依然处于问题之中，并没有终极性的得以建立。但是只有作为对牛顿及其继承者所建构的理性机械主义的种种问题性的答案，它们才依然是可理解的。没有这种问题化的语境，它们便只有某种参考定位。因此，了解万有引力规律，甚至于在应用实践中懂得操作其方程式，并不构成某种足够的理解保证。还需要内在性地把知识与问题、问题与答案联结起来。卡尔·波普（Karl Popper）可以这样写道，即第三世界（理念世界）的居民们按家族生活。那里的理论和观念与问题和争论是不可分离的（Popper, 1972, p. 182）。

在《物种起源》（l'origine des espèces, 2008）的开始，达尔文（Darwin）描写了知识的状态。他重温了此后被科学界普遍接受的事实，突出了那些尚存在问题的事实。他也对当时的理论现状作出了总结：他所反对的固定主义，也包括在他看来还不够成熟的拉马克（Lamarck）的进化论，以及布封（Buffon）、杰弗鲁瓦·德·圣伊莱尔（Geoffroy de St Hilaire）、欧文（Owen）等人的观念。达尔文深知，他的书只能相对于这种知识状态以及构成该状态的种种学术争论而阅读、理解和讨论。[1] 因此，他的进

---

[1] "我建议自己很快检视相对于物种起源的舆论进步。直至最近，大部分自然科学家们都以为物种是分别被创造的不变物质。许多学者习惯于支持这种学说。反之，其他一些人则接受物种经历了种种修正，以及它们现在的形式通过规律化的普遍化现象源自史前存在的形式"（Darwin, 2008）。

化论只能在它希望能够了断的争论背景中，以及它必然会激发新的争论的背景中才是可理解的。在这方面，《物种起源》的接受也颇有趣味。许多科学家们支持达尔文，但是也有许多科学家们犹豫不决，不愿贸然接受他的理论，因为后者把性格的遗传问题置于阴影之中。即使孟德尔（Mendel，达尔文的同时代人，但是达尔文并不认识他）① 的遗传规律里所内蕴的机械主义也一直处于谜的状态，直至人们后来建构了基因概念。这样我们就抓住下述现象，即某种试图了断一场争论的解释，实际上却激发了新的争论，因为它滋生了种种新问题（Fabre，2010）。

　　从这些例子里，我们可以得出两个结果。首先，科学理论只有根据导致它们诞生的各种争论以及它们后来必然激发的新争论才可以理解。由此开始，以科学的方式教授科学，就要把它们历史地置于双重语境之中：它们的原初语境和它们现在的语境，只要学生们能够接受它们，亦即剥去它们的技术面貌。其次，要使学生们理解某种理论，应该允许他们表达随时出现在他们脑海中的反对意见。科学是反对直觉的，它也反对我们的偏见，反对共感。人与猿猴出于共同的祖先，还有比这更奇异的事情吗？正如弗洛伊德所说，达尔文碰到了我们的那咯索斯主义（恋己癖）。理性因而是好辩论的，巴什拉尔即认为如此。在科学之城如同在教室里一样，真理是理性讨论的女儿。由此产生了巴什拉尔的下述思想，他把知识的精神分析视为反对充斥在学习路径上的各种认识论障碍的斗争。

移位与寄生性

　　尽管官方机构一再发出问题化的各种指令，为什么学校提升问题意识的举措仍如此困难呢？在科学、技术、劳动领域，知识永远是从问题链条中提取出来的。概而言之，一个问题的解决方案（规律、概念、方法、结果）都要展示在另一问题的语境里，在那里，它发挥着已知材料或条件的价值，除非它不开拓新问题。从某种意义上，我们可以说，一旦某种解决方案据以产生，问题性斥力就使人们忘却了它赖以诞生的问题，这种斥力在科学技术思想的发展中，大概也在一般思想的发展中，构成了某种正常的进程，条件是，一旦获得的各种结果被"胶囊化"，因而解放了其他任务的认识论压力。例如在问题性的链接中，一个解决方案从来不曾独立于

① 孟德尔，奥地利遗传学家。——译注

任何语境而被考察。它通常被立即纳入另一问题。这是问题的种种成分的功能性（即已知材料、条件、解决方案都是功能而非物质存在的事实）使然，这种功能性在科学、技术、文化的发展进程中，或者也在教育和学习中，允许从一种语境过渡到另一种语境的这种现象。

这样，知识的教授就从某种寄生性的活动中找到了它的起源，这里我们取米歇尔·塞尔（Michel Serres，1980）赋予这一概念的意义，①　条件是，某种解决方案（规律、概念、事实等）没有进入其他生产活动或应用活动，而是离开了它产生的进程范围，被独立考察。这种去语境化自然是知识的某种重构和重新语境化的复杂进程的第一阶段，是舍瓦拉尔（Chevallard，1991）继米歇尔·维雷（Michel Verret，1975）之后，在"教育性移位"这一概念下卓有成效地研究的直线化和著书立说的第一阶段。我们仅考察这种寄生现象的影响。学校教育只有位于两种问题性语境之间，才可能获得知识。在这种状态下，知识已经不再被视为某种结果，因为它排斥了它作为其解决方案的问题。但是它还没有被理解为某种新问题的一种成分。因为学校没有与知识的生产相联结，也没有与知识重新投入科研或工作的种种实际问题相联结，因此，它一直试图把知识的这种"中性"状态价值化。

揭示柏拉图以来支撑各种知识理论的命题主义，即揭示把知识归结于某种独立的、去背景化的、与它们试图回答的各种问题没有任何关系的各种命题。学校的全部都被纳入了把种种答案物化的这种运动中，且它的倾向永远是教授没有问题的各种知识，似乎显而易见的永恒真理是，地球围绕太阳转，或者人与猿猴拥有共同的祖先。在经验学科里（自然科学、历史、地理），进程产生某种物化现象。细胞或基因，或者还有法国大革命，于是不再是某种问题化进程中发挥问题外价值的观念或事件，而是被物化的事实，与问题域没有任何关系，于是人们可以如此描写或叙述的事实（Meyer，2000，p.191）。有一段时间，法国的一些中学给一年级的学生教授进化现象，而给毕业班的学生教授进化理论，似乎例如鸿沟的观察可以独立于某种生物学解释而获得意义，似乎这种阐释只能是进化论的阐释。在更具形式化的学科（数学、物理学）里，证明仪器越来越显示自身的价值。于是定理接替了问题的脚步，而理论工作的意义有可能湮没在形式主

---

①　这里的寄生性术语不是贬义的，它指示某种不对称性捕获关系。

义之中。那里也一样，人们的做法似乎定理的建构独立于各种问题之外。

知识的这种物化的结果是，学生们对不展示任何症结的东西没兴趣。反过来，这就导致了动机之教育学问题性的过度价值化，动机经常外在于内容本身，如同我们在学习的游戏形式中或者大量使用计算机和投影仪等借助技术进行教育活动中看到的那样，似乎只要给刀刃上涂上蜂蜜就能让家畜们像吞咽食物一样。相反，某种问题化的教育学只能赋予内在动机以价值：这是因为知识构成某种问题域的宗旨，这是因为知识受方案、失败、争论的呼唤，而非受它可能显现为展现的人为机巧的动机所呼唤。

由此我们就理解了问题化教学的三重要求，因为它需要时而重新启动曾经导致它诞生的问题域而更新知识，时而反其道而行之，暂时排斥这种原初的问题域，以便于先前的回答变成某种新问题的基础，而这一切做法都要避免知识因此而再次陷入它可能被物化的中间状态或中性状态。另外，所有这些活动，教育只能在说教性的知识基础上来完成，即出于教学的目的转移和重组知识。这就是知识之人为性起源的思想所在，因为科学和技术史倘若可以作为训教者的参照系，学习却无法以任何形式把它们的发展阶段概述为某种本体系统发育论的并行主义。

某种新的助产术①

然而教学难道不意味着一部分无法压缩的教条主义吗？某种问题化的教育显然只能从杜威的教育学传统或巴什拉尔的教育学传统中读出，后者把学校教学视为某种思想行为。杜威（1883，p.188）不断地重复说，"思考是聪明的教学方法，是使用并满足精神的教学方法"，这句话意味着，这不是任何教学的情况。而当巴什拉尔写道：只有当任何知识都应该重新放进知识生产的某种线条中，科学结果的教学才可能是一种科学的教学；问题的意义赋予真正科学精神的标志；任何科学知识都应该是对某种问题的一种回答时，他的论述显然更明确（Bachelard，1970 b）。这种问题化的教育学可以采取不同的形式：情景—问题、课堂辩论、方案设计、实践概念，甚至于更经典的权威授课或对话式授课之后的再问题化。在所有这些情况中所需要的是，学生们的活动不要局限于回答老师已经给出答案的问题，而是一定程度上具化为建构各种问题，亦即探索所缺乏的各种

---

① 系苏格拉底习惯使用的主观唯心主义的辩论术。——译注

资料和条件。在教学法的语言里，人们说，某种问题化的教育学要求把建构问题的责任转移到学生身上（Brousseau，1998），或者更准确地说，在同学们和老师的帮助下，在某种融洽的教学氛围中共同建构问题。①

这些建议并不忽视学校问题化的各种独特性。在学校里，问题化只能瞄准那些学术界、专业界和文化界已经知道的知识的再发现。它只能在某种专门为教学设计的环境中发生，而在这种环境里，已经预先知道的各种回答悖论性瞄准着契合学生的各种问题，没有这些问题，恰恰就没有真正的学习。还有，问题化一般只能设想为共同问题化。仅仅由于老师进入某种场所的帮助，另外他专门为此做了准备，学生们才可能希望问题化。因此，我们曾尝试提出问题化之激发因素的思想（Fabre et Musquer，2009）。激发因素指的是教育学环境里的一些因素（提问题的方式，给出指令和提供信息的方式等），旨在契合学生对已知资料、条件或问题解决方案的某种探索。这里指的不是现成地提供这些元素，也不是放任学生在没有帮助的情况下探索它们。激发因素可以是专门为教师准备教案所准备的因素：提问题的某种特殊方式，引发学生对种种特殊性的兴趣、组织材料、预先显示条件、纳入解决方案道路的特殊方式。但是，有经验的老师也可以随时捕捉孩子们的意见，并重新组织它们，以期推进问题化。正如卢梭早已指出的那样，在某种问题化的教育学里，教师犹如寓言里诱惑山羊走进水井的狐狸。然而，教师是仁慈的狐狸，他帮助学生走出水井，但仍然不给他放下小梯子。按照玛丽亚·蒙特索里（Maria Montessori）的公式，我们应该帮助学生独立完成这件事（Fabre，2009 c）。

让我们给出一个激发因素的例子吧。一位教师在小学教育末期为孩子们讲解四季的缘由时，预先考虑到了可能出现的障碍。学生们可能会把地球围绕太阳运转的情形描画为一个椭圆形的轨道，太阳不是占据这个轨道的家族之一，而是占据它的"中心"。这是一种常见的表示法。按照这种模式，它们将被引领着设计出一年内有两个夏季和两个冬季。考虑到这一切，教师以下述方式构成了他的工作指令："如何解释一年内只有一个夏天和一个冬季呢？"激发因素在这里呈现为问题域的某种模式化：（1）引导对问题资料某些特殊性的关注；（2）预见到学生们的各种理解并预先反

① 我们在其他地方已经谈论了某种问题化教育学的认识论基础，这里只能重复一些粗线条，因为我们的问题是建构某种问题化的性情（Fabre，1999 et 2009）。

对之。于是提出的问题没有按照通常的中性方式组织："如何解释四季呢?"而是以悖论的形式构成,因为它一下子就与学生们的意见相悖反。正是这种悖论产生了神秘性,并真正契合了孩子们的探索方向。

　　显然,根据应该激活的问题化进程,存在着多种类型的激发因素。例如,我们在这里可以设想某种实验性展示,以便把地球围绕太阳运转的轨道模型化,使得学生们有得以发现问题的条件,或者还有解释的原理:地球向黄极轴线的倾斜。我们还可以帮助他们澄清季节产生的原因,向他们提供某些补充性特殊现象,例如冬至、夏至和春分、秋分等现象。我们知道,激发因素与猜谜没有任何关联,在猜谜活动中,问题与答案的关联纯属任意性的。反之,在问题化中,却是引导学生们对问题的某些独特现象的关注,以及或者反对他们对某现象的预先的展示。①

　　我们曾经在先前发表的几部拙著中澄清了问题化的某种教育学,这种教育学却只能在杜威对知识之三重界定的预见基础上进行,然而却是巴什拉尔对它作出了详细的解释(1970 b):(a)知识的生成维度,它的历史;(b)知识在种种新问题里的丰富性;(c)并未忘记知识进入种种理性体系的情形,教学法把这种情况称作知识的"建制化"。保持知识的趣味性,用阿斯多尔菲(Astolfi, 2008)的话说,就是要促成这些维度之间的流通。像泰勒斯定理(le théorème de Thalès)这样一个教学对象,那么就同时反馈到工程师测量金字塔高度的方式,它在欧几里得体系里的构成,以及它在各种新问题里的介入,后者与不可接触物质的测量似乎没有任何关系。

问题与考验

　　在问题意识的发展上,学校具有根本性的作用。然而我们通常的做法,似乎学校只能使问题化的理性时刻真正具有价值。须知,任何问题都是某种检验的背面,后者与经验的情感因素相关联:这种因素在经验中比在实验中更多一些。因此,米歇尔·梅耶可以把构成经验之情感因素的情感素材与界定问题域之逻辑结构的问题素材(自我、世界、其他人)对应

------

　　① 关于这种情景—问题的描述,我们参阅了热拉尔·德·凡奇的著作(Gérard De Vecchi, 2004 et 2005)。见 *Michel Fabre et Agnès Musquer* (2009 b)。

起来 (Meyer, 2000, p. 415, p. 465)。问题素材与情感素材的耦合是培养小说所青睐的对象。我们在先前的一部拙著中，研究了儒勒·凡尔纳 (Jules Verne) 的小说如何把经验中不同的理性时刻与情感时刻推向前台，这种经验被设计为整个人生的某种成长 (Fabre, 2003 a)。然而，《爱弥儿》已经提供了许多非常有启发意义的例子。我们将通过这些演示，来思考问题化之性情的情感侧面、考验侧面何以能够与家庭教育或学校教育以及生活中的问题侧面关联起来。

情感因素

情感因素本是由感动引起的因素，当它们形成挥之不去的形式时，就变成了真正的激情，然而它们也进入复杂情感的构成。希望和失望、恐惧、乐趣和无兴趣就构成了基础的情感因素。情感因素不啻于各种问题的化身，"它们赋予欲望、要求和需要某种渲染和情感" (Meyer, 2000, p. 468)。拥有某种问题，等于发现了自我与世界之间的某种不平衡。在从问题到其解决的理性轴线上，因而应该把构成我之反应的某种情感结与该问题耦合起来。激情并不直接关涉给问题带来答案这一事实。它更多地与问题、其建构和其解决所产生的张力相关。例如，希望或失望就关涉问题的解决能否发生这一事实，或者还关涉着另一种有利或不利的解决方案能否到来的事实。各种激情"体现了人学层面的问题学差异，或者更准确地说，它们是问题学差异的人性化"（同上书，第 466 页）。

梅耶很好地展示了激情的三重暧昧性。首先，它们可以按照古典主义的常见定义让我们处于某种被动状态，或者按照浪漫主义的观念推动我们行动（同上书，2000，第 470 页）。其次，激情能否使我们盲目，这里的意思是表达或排斥问题。当某种激情知道并经历着自己的追求和问题域时，它其实表达了某种问题。当爱情瞄准某个对象并锁定他时，即是这种情况。反之，同样的激情可以经历为某种解决方法。唐璜挨个追求女性、几近无休无止的状态即是这种情况。我们很容易发现帕斯卡尔的娱乐重心。当激情开始某种追求、而任何方案都无法满足这种追求时，它就变成了某种娱乐。说我们喜欢狩猎胜过了捕获，等于说我们的问题域变成了它自身的回答。最后，激情开始了真实的某种图像化，后者作为行动可以成立，但有时也导致过分的简化。任何伟大的事情没有激情都是不可能的，正如我们在艺术家、科学家或探险家那里看到的一样。但是，如果激情使人们对它所青睐的某种真实风貌过分敏感的话，也会对其他风貌封闭起来。

《爱弥儿》里的激发因素和催化因素

如何把形成中的问题素材与情感素材耦合起来，以便激发并强化问题化中的性情呢？《爱弥儿》可以向我们提供这方面的某些概观。我们曾经说过，卢梭的情景教育学继承了拉封丹《寓言》的模式。应该像寓言里的狐狸一样，向孩子们玩伎俩。学习，就是掉入陷阱然后再走出来，当然是在老师的帮助下，但是也要承担问题。例如，卢梭推向前台的所有情景（1966）都是源自教育学混合因子的真正的模拟化：如罗贝尔园丁情节，第 121 页；淘气孩子的失踪情节，第 155 页；懒散孩子的体育启蒙，第 181 页；魔术师的情节，第 221—226 页；确定方向的教训，第 232—235 页。这些情景全都遵循了下述三种条件：1) 某种封闭条件，旨在排除风险：爱弥儿始终受到老师的保护，教育不是生活本身；2) 某种问题学条件：情景被设计为某种真正需要解决的情景—问题；3) 某种情感因素条件：情景同时也是一种考验，爱弥儿从中经历了强烈的情感。

为了使爱弥儿能够经历各种完整的经验，为了使需要解决的各种问题同时构成有待克服的种种考验，卢梭在这些情景里既引入了问题化的某些激发因素，但也引入了某些戏剧化的催化因素。淘气孩子应该同时感到单独出走的不便和危险吗？人们在他出走的道路上设置了种种事件和巧遇（邻居、顽皮儿童），旨在激发爱弥儿的恐惧和羞愧。同样，赛跑场景激发了懒散孩子的激情："对他来说，这简直就是奥林匹克运动会"（Rousseau, p. 180）。荒芜花园的情景、园丁罗贝尔的愤怒情景、魔术家的愤怒等，产生了众多的情感冲击，它们使教学戏剧化。如同我们在上文里看到的那样，如果问题化的激发因素具有问题化的理性材料的特征，后者如建构和解决问题的色彩，催化因素更多地涉及强化情景的戏剧色彩，充实它应该包含的感动成分，以便使爱弥儿对教学（教训）留下深刻的印象，而不因此承受过多的伤害。①

---

① 我们提醒大家，在化学里，催化剂是影响化学反应的材料，但并不构成反应剂本身，也不构成被改造产品。如果某催化剂强化或加快了反应进程，它则发挥了正面作用，如果它抑制了化学反应，则发挥了负面作用。

　　戏剧催化剂的思想来自寓言的符号学结构。在诸如《乌鸦与狐狸》（Le Corbeau et le Renard）这样一则寓言里——卢梭在《爱弥儿》的第二卷分析了这则寓言——拉封丹意在警示人们对恭维的认识。他的信息“要知道任何恭维者都依赖于轻信恭维的人而活着”，把乌鸦提升到了一个反面教材的位置。然而，不应该像乌鸦那样轻信这一事实并不蕴涵着人们应该模仿狐狸的狡黠。事实上，在寓言里，狐狸没有被评价，它的态度既没有被赞扬，也没有被抨击。它的狡黠仅仅是为了昭明乌鸦的笨拙。因此，狐狸在这里只是一个戏剧化的催化剂：它从道德上是中性的，仅仅用来为场景增加某种叙述症结，在该场景中，某种单纯的道德格言有可能平淡无奇。① 反对人们让孩子们阅读寓言的卢梭，从自身的考虑出发，从中得出了某种教育学的教训。

　　在森林中辨认方向的著名情节（同上书，第232—235页），提供了激发因素与催化因素耦合的绝好演示。问题是学习辨别方向。在房间里给出的第一课使作者得以提到各种方位基点并观察可看到的特殊性：蒙茂朗西森林位于房子的北边，而房子位于森林的南边。然而很快这一课的内容发生了急剧变化。让我们进入细节吧！第二天，让·雅克把爱弥儿带到了森林并失去了他。教育学的狡黠于是把两种系列交叉起来：助产术的激发因素系列和催化剂的准启示系列。从理性视点看，这是事后的某种问题化。爱弥儿拥有所有辨别方向的知识，但是，他没有把它们用于具体问题（他自己的问题：走出森林去吃晚饭）的解决时，他的知识就是死知识。由此出现了情节结尾时的苏格拉底式提问，那里大概稍嫌过分坚持地强调了问题的各种尖锐特征。昨天我们不是说过，森林在……蒙茂朗西的北边吗？下边是给出的材料及条件：南边难道不是北边的相反方向吗？结论：蒙茂朗西应该在南边。我们不是已经研究过中午时分找到北方的方法吗？是的，通过影子的方向！这些激发因素引发了爱弥儿的模糊记忆。苏格拉底当年就是这样引导《梅农》（Menon）的小奴隶的。

　　然而森林并不单纯是某种露天学校，它也是小拇指初始涉猎的森林，即使卢梭不敢给这个森林布置太多的妖魔和大灰狼。以为老师也迷失了方

---

　　① 阅读这些寓言的障碍之一，恰恰就是孩子们可能会正面评价或负面评价催化剂。例如，他们可能会把自己等同于狐狸，并从寓言里抽出与寓言作者明确设定的道德完全不同的某种道德。他们可能会得出应该像狐狸那样狡黠的结论。关于这一点，参阅 Michel Fabre（1989）的著作，在那里，我们已经提出了戏剧催化剂的思想。

向的爱弥儿，未加任何思索就产生了恐惧并哭泣起来。让·雅克远没有去安慰他，而是装出一副担忧的表情：恐惧、饥饿、疲劳，老师也体验着这一切，因为他只字不说走出森林的道路，那么不要指望他。由此产生了一系列介入，它们构成了众多的戏剧催化剂，并且提升了情感压力。然而，某种过分的戏剧化有可能封闭爱弥儿的思考。孩子的哭泣属于萨特在《某种感动力量的线条》（l' esquisse d' une théorie des émotions，1965）里提到的这种着魔式的行为，后者试图抹杀问题。因而，应该让爱弥儿重新站起来，并把他从种种幻觉中拉出来：人们不可能靠自己的眼泪充饥。戏剧化的强度应该减低一点，以便问题变得可以处理。于是中午时分，出现了情感因素向认识因素以及催化剂向激发因素的转化。如果我们不迷失在森林里，中午时分一般是午饭时刻，这就把人们引向了饥饿和恐惧。然而这也是人们可以辨别方向的时刻：昨天我们从房间向北方眺望森林的时刻；今天，我们可以像任何时候一样，通过影子的方向找到南方的时刻。

我们不必怀疑，爱弥儿其实永远不会忘记今天的这一课。由此我们看到，在卢梭那里，教学首先体现在肢体上，然后才形成在智识方面。《爱弥儿》的所有情景都是教育性情景，那里的学习情形永远与强烈的感动联系在一起。失踪的孩子害怕那些路上随意遇到的"顽皮孩子"，懒散而嘴馋的孩子看到自己的蛋糕被用来酬谢赛跑的胜利者时，表情很尴尬。爱弥儿因园丁罗贝尔的愤怒和魔术师的种种告诫而激动。我们知道他将在森林里哭泣起来。这里的实质是解决一个问题，但永远要经受某种考验。这是成长需要付出的代价！

某种仁善要求的伦理学

在卢梭那里，戏剧催化剂把症结提升到了某种虐待风险的程度。《爱弥儿》的教育学重温了巴登·鲍威尔（Baden Powell）的开创性的童子军游戏，今天却很有理由使不止一个教育家感到恐惧。我们之所以提到这件事，那是因为卢梭的天才在于把教育性情景的结构昭示为问题与考验的耦合并把管家安放在狡黠而仁善的狐狸身上，它（他）从来不让爱弥儿掉入陷阱底部，它（他）调节经验的戏剧张力，并分配每个人在问题的共同经营中的份额。

由教育家们对教育性情景的戏剧紧张性的这种良好调节，不管这些教育家们是家长还是教师，对某种问题化性情的发展具有根本性的作用。当巴什拉尔（1970 *c*）在他的《洛特雷阿蒙》（*Lautréamont*）一书中研究一种文化即伊西多尔·杜卡斯的文化形成的环境时，从反面向我们证明了这一点。巴什拉尔从《马尔多罗尔之歌》（*Chants des Maldoror*）自始至终的残忍中，揭示了"年轻人的某种反感"，某种永远不指向同等人、而交错指向最弱者或最强者的报复本能。由此产生了结构作品的利爪和吸血鬼主题：作者扑向最弱者，并窒息最强者。巴什拉尔从某种掌控很差的教育关系的特征中寻找这种残忍性的根源，并因此而建立"某种嘲弄和戏仿心理学"。其实在学校里，学生伊西多尔同时被要求成为班里的第一名并服从老师、服从"纠正者"、服从"因迈上讲坛而高人一头"的人。学生相继成为嘲弄者和被嘲弄者。巴什拉尔没有尖刻地谴责修辞学老师随意的严厉性，后者通过对语言吹毛求疵的压力预先扼杀了学生的想象力。他甚至把修辞学课堂视作"情感生活演变的顶点"。这里讲的是一种很随意的严厉性，因为建立在趣味的相对性基础上。数学老师的严厉性，因为更具有动力，也没有得到更好的待遇，因为它是完全封闭性的，人们无法避开它："只有数学老师可以是严厉的和正确的"，巴什拉尔嘲讽地补充说（1970 *c*，p. 93）。伊西多尔·杜卡斯的学校生活就这样演示了学习生活的某种失败的戏剧化。那里的戏剧催化剂的根源不在于知识的症结，而在于权力的症结，后者可以归结为种种掌控的幻想。老师的过分严厉，巴什拉尔说，属于某种真正的"专业情结"，后者在学生身上引发了种种神经官能症（同上书，第 93 页）。

让我们从《洛特雷阿蒙》中吸取教训。某种问题化的教育确实要求戏剧催化剂，但是后者应该相对于知识的症结，而不是与权力的症结关联起来。因此，没有某种仁善宗旨支撑的教育者，我们似乎就无法获得某种问题化的性情。之所以要求，因为解决一个问题是困难的，并要求摒除障碍和偏见的内心努力。这就使自恋主义无地自容，因为最初的思想并非永远都是好思想，需要经过职业的千锤百炼。要求保留着问题中的考验性质，并把心理张力维持在一个较高的层面。仁善是面对不可回避的错误和思想的反复时所体现的耐心。它尤其具有鼓励作用：仁善肯定问题是可以建构和解决的，并肯定学生有这种能力。要求和仁善就深层而言，乃是教育性设想所衍生的表达方式。

在《爱弥儿》里，教育经验的结构以及激发因素与催化剂的耦合完全是由教师设置并掌控的，这就可以从巴什拉尔对《马尔多罗尔之歌》的阅读里澄清它们并分析它们在洛特雷阿蒙那里的分流情况。在把生活视为继续教育的思想里，激发因素与催化剂的这种耦合产生于种种事件和情景：它源自大自然、源自偶然或他人的行动，后者并不必然呈现为一个仁善的教育家。成长小说描述了主体如何在解决种种问题中获得教育，这些问题同时也是生活的考验。[①] 我们从中没有看到对懒惰主义的任何妥协，而仅仅看到了对下述事实的承认，即成长是某种双重意义上的真正工作：某种探索和某种生产。因此，乔治·斯奈德（Georges Snyders，1986）正确地强调了欢乐心情的作用，它是成长的情感因素，斯皮诺莎意义上的欢乐，即跨越任何类型的种种困难，成长并到达更大程度的完善性的情感。

结　论

什么是问题化之性情形成的条件呢？后者能够避免无视调查进程中肯定性与怀疑之耦合的完整主义和相对主义两座对称的暗礁。

第一个要求关涉学校，学校应该通过上溯其命题主义的斜坡——命题主义促使学校把知识物化——并努力设想和确定适合每种学习宗旨的问题化的真正的、独特的激发因素，而张扬问题意识。但是，既然每个问题都是考验的背面，那么第二个要求是，如同《爱弥儿》之阅读向我们展示的那样，调整内在于任何学习的戏剧化张力。把知识变为某种谜团要求有良好的问题化的催化剂，后者能够显示知识的症结所在并维持学习的兴趣。巴什拉尔（1970 b，pp. 8—10）说，教育者的第一任务是“赋予且尤其保持对不追求利益之探索的生命般的兴趣”。这种逆喻格式（formule oxymorique）把问题的人学体现置于考验之中，并把相继克服它们之希望表达在成长的乐趣之中。因而，问题的意义同时也是考验的意义。

教育者的警惕性显然应该瞄准某种“硬教育”思想始终内含的虐待主义的种种异味。因此，问题不是要以斯巴达方式培养性格为动机，人为地增加各种考验，而仅仅在于不要为年轻人省去应该接受的考验，并帮助他们正视考验和超越考验。

---

① 　我们这样分析了儒勒·凡尔纳作品中问题与考验的耦合（Fabre，2003 a）。

第 七 章

教育思想的世俗化

在《法国的教育学演变》（*l'évolution pédagogique en France*）一书中，杜克海姆（Durkheim，1938，I，p. 33）揭示了现代学校的规范化方案。对他而言，我们如今熟悉的学校建立在8—12世纪确立的价值基石的基础上：教学的统一，百科全书式的宗旨，把学习视为皈依程序的内在性。这种"教育思想"构成了现代学校漫长历史的某种常项，以至于教育学思想和教育建制的演进可以考虑为这种基督教义之规范化方案的世俗化。我们需要强调教育思想的第三项，即学习的内在性。我们需要静思杜克海姆的这句话："对于我们也一样，教育的主要宗旨，不是给予孩子更多或较少一些知识，而是在他那里构成某种内在的、深刻的形态，灵魂的某种顶峰，后者可以引导他朝着一定方向发展，不仅儿童时代如此，而是受益于终生……我们的目的观世俗化了；随之，所使用的教学方法也应该发生变化；但是教育进程的抽象图式没有变化"（Durkheim，*ibid.*，p. 37）。

"教育进程的抽象图式"指的是把学习行为设想为把人深入介入其本体论、认识论、伦理学和美学维度之进程的事实。总之，教育的现代性没有创造任何新的东西，而是努力把基督教的皈依思想世俗化于启蒙时代以来相继出现的不同的人道主义修辞学中。在杜克海姆看来，尽管这种世俗化进程丝毫不影响现代性的正统性，问题仍然需要通过新代价而重新提起。现代性的终结，不管人们赋予它什么意义，都迫使我们相对于它留给我们的这种宗教遗产而自我定位。然而落在我们肩上的哲学工作则要求我们一劳永逸地清算这种皈依修辞学及其变种吗？或者反之，我们应该将其视为抵制任何解构行为的某种不可缩减的内核，没有它教育进程将不再有任何意义吗?

　　马塞尔·戈歇(Gauchet et Ferry, 2004)呼唤另一种词汇,以期把
"走出宗教"所构成的这种思维转变格式化。但是,如何设想这种新词汇
呢? 事实上,问题域分解为三个层面。叩问我们教育词汇的宗教根源迫使
人们叩问语言的隐喻根基。正如吉尔贝·杜朗(Gilbert Durand, 1969)所
展示的那样,这种隐喻性根基自身不反馈到某种奠基性的想象,某种"象
征性的想象",它们的各种不同体制以不可磨灭性的方式结构着我们的思
想吗? 教育词汇的世俗化问题因而更根本性地落在了我们观念的隐喻源泉
的词汇上,尼采曾经多次强调过这种隐喻性源泉。然而,全部问题归结到
底难道不是要弄清什么因素真正决定着我们的语言,其根源或者我们对它
的看法? 从隐喻到观念的过程中,用黑格尔的话说,难道没有某种接替
(Aufhebung)吗? 或者反之,应该仅仅把观念看作某种已经过时的隐喻
吗? (Ricoeur, 1975, p. 325)

　　这里我们试图分析教育思想世俗化的若干形象,以考察马塞尔·戈歇
的要求是否成立,后者在表达真正的哲学要求的同时,似乎也反映了某种
"时代精神",这种时代精神表现为不再相信"宏大叙事"的我们的后现
代性中各种人文主义词汇的贬值。问题最终在于,在我们这样一个问题性
的世界里,如何思考教育世俗化的进程。

现代性学校的规范化方案

　　重要的是,首先从各种维度,澄清从基督教到今天的教育思想,杜克
海姆把这种教育思想作为学校之规范化的原则。

杜克海姆与皈依思想

　　尽管希腊人已经对教育多有思考,然而,在杜克海姆看来,古代的教
育建制没有达到柏拉图在《理想国》(la *République*)、亚里士多德在《政
治学》(la *Politique*)里的哲学要求的高度。他确实是从分散角度去看它
们的。教育学家把孩子引领到不同的老师家中,他们给他教授修辞学、音
乐、体操,但无法保证这些教学的和谐性。基督教学校带来的,正是对统
一性的这种关注,而地点的统一将是这种教育架构的象征。从此,所有的
课程都是在教堂的学校里或修道院的学校里授予的,并旨在建立某种基督

教式的人道主义。事实上，这里涉及三种统一性：地点的统一，时间的统一（教育影响的长期性）和精神的统一（基督教理论的统一性）。同时，出现了引导青年学生走向各种知识学科的要求，如三艺（语法、修辞学和辩证法）和四艺（几何、代数、天文学、音乐）。整体思想、百科全书思想将构成某种视界，这种视界在古代的教育观中是缺失的。

然而，基督教学校最重要的面貌，在于把教育思考为深刻调整学生人格的事实。在杜克海姆看来，古代以很肤浅的方式，把教育设想为某种天才文化，以严格的功利性或者单纯的审美性为宗旨。因此教育停留在外部，并没有达到灵魂的深处，不管是希腊人还是罗马人，都未能设计出到达灵魂深处的思想。反之，随着基督教的到来，人格思想得以产生，人格思想被设想为某种深层状态，聪明、机灵或敏感只是这种深层状态的外在表现。从此后，教育即作用于这种人格，在学生那里创造某种道德习惯或者"精神和意志的某种普遍布置，后者使学生能够在一定的阳光下看见事物"（Durkheim，1938，I，p. 37）。换言之，基督教学校是从皈依类型的角度思考学习活动的，皈依不仅反馈到意见或信仰的变化，而且反馈到某种更深刻的东西，杜克海姆把其指称为"餐盘的改变"，亦即思维方式和生活方式的改变。这种皈依思想包括三个基本维度：（1）这是一种影响所有维度的总体进程，不仅包括人的智识维度，也包括他的情感维度和社会维度；（2）某种面向至善的进程；（3）灵魂的某种转向，背离其直接利益，而走向重构。此后，学习就不再仅仅是获得生活有用的技术，也不再是对其精神和躯体的装点。杜克海姆在拒绝他指归给古代学校的功利性目的和审美性目的的同时，喻示道，学习行为带动人的全部，或者说，教育永远超越知识的传授。

然而哲学传统在思考学习方面并非没有古代源泉。在《理想国》里，柏拉图已经使用了皈依图式来表述灵魂运动的特征，后者背离洞穴的阴影，而朝着至善的阳光走去。如同我们可以借助杜朗的类型说（Durand，1969）来展示灵魂的运动一样，在柏拉图那里，教育是从幻想的白昼体系来思考的，而白昼体系依赖分割图式（真理/意见）和贯时性图式（洞穴/太阳和至善的天空）。反之，亚里士多德在其《物理学》里更多地调动了黑夜体制的图式，把学习设想为形成的某种特殊情况，亦即把某种形式强加给某种原材料，或者还设想为形式的某种变化（Fabre，2006）。中世纪的哲学则通过奥古斯丁（August）或托马斯（Thomas）的路径，用基督教的皈依词汇来表述古希腊人的这些直觉。在我们的语言里（另外我们是经由杜克海姆从中世纪的经院哲学里借用了这种语言），我们可以用习惯的某种改变来表达学习行为。

某种规范性原则

当我们提到希腊哲学时，意在强调，杜克海姆似乎赋予基督教的东西过多，而轻视了古人的贡献。这是因为他分析了教育的建制，而没有分析教育的各种哲学观。在思想史界看来，尽管古代的教育建制并非永远都能达到这种理想的高度，教育在古希腊人那里已经是某种理性化和规范化的进程。例如，米歇尔·贝尔纳（Michel Bernard，1989）就展示了教育思想在古希腊所承受的三重去中心化：从城邦走向个人，从行动走向语言，从个性走向普遍性。在古人那里，教育已经是造化和改造个人，简言之，赋予它某种理式。然而，正是这种理式思想后来成了本体论维度、认识论维度、伦理维度和审美维度等所有这些教育维度的结晶。教育从简单的为进入成年而进行的技术准备开始，自古代起，即已升华并变成人类在个人身上的体现。另外，现代学校追求的正是这种理想，因为它宣称要在具体知识学习之外，培养人的精神。事实上，学校各种学科永远拥有的雄心，并非生产专家，而在于培育智识的习惯，把学生引向多元化的严谨形式，引向多种方法论，引向思维的各种具体类型。

不管其分析的历史准确性如何，杜克海姆分析的功德在于向我们提供了接触学校规范化原则的机会，后者应该体现在每个时代的基本精神之中。皈依作为"教育进程的抽象图式"，依照我们作者的说法，支撑着教育学历史的曲折发展。发生变化的，乃是教育的目的。过去的目的是培养优秀的基督教徒和真诚的主体，后来的目的则是培养富有责任感的公民。教育的方法也发生了变化：根据三艺或四艺某些内容的突出位置，课程表的组织发生了变化；教学方法也发生了变化，例如从多人的面对面教学过渡到同时方式，过渡到差异化方式……杜克海姆说，所有这些变化都构成了把教育思想世俗化的种种尝试，而教育思想从形式上却是没有变化的：永远瞄准着皈依。这种分析的优点，在于昭示了教育思想的形而上学根源，甚至宗教根源，并把教育学史看作世俗化的某种进程。杜克海姆已经从教育思想的起源中，看到了神圣与世俗的某种张力，基督教只能借助于古代文化而传播。我们很容易把杜克海姆的观点置于有关世俗化的当代理论的范围内，这些理论把基督教看作一种很特别的宗教，一种自我去除神秘化的宗教（Ricoeur，1969），一种走出宗教的宗教（Gauchet，1985），或者还是某种化身宗教，化身可以忠实于字面意义地理解为上帝变成人（Ferry，1996）。基督教自身承载着这种世俗化的力量，因而宣布"诸神的死亡"乃是忠实于宗教自身的活力。正如尼采所说的那样，是上帝的徒弟们诛杀了上帝（Vattimo，2004，p. 25）。如果我们跟随着杜克海姆的思想，从基督教的教理讲授到实证主义再到主导我们今天各种建构主义教育学的种种再现工作，教育可以理解为"某种漫长的皈依"。

我们可以从这种漫长的历史中找到世俗化的两道门槛：启蒙时代的世俗化和后现代的世俗化。

启蒙时代的世俗化

第一阶段的鼎盛时期是启蒙时代，在这个第一阶段里，宗教的皈依可以阐释追求世俗的真实，亦即科学的真实和哲学的真实。在这种世俗化的形式里可以找到《理想国》的图式，这是一种从目光、舆论向真实的皈依，还是从愚昧向知识的皈依。

现代时期的合理性

忠实于柏拉图启示的这种皈依，还没有把对真理的追寻与对善的追寻相分离。这种和谐通过参与进步思想而反映在集体层面，皮埃尔—安德烈·塔基耶夫（Pierre – André Taguieff，2004）最近对这种进步思想进行了精彩的分析。卡尔·勒维特（Karl Löwith，2002）展示了进步思想的前现代渊源亦即基督教渊源，这种渊源处于基督教的末世希望中和它的超越"眼泪谷"而走向更美好未来的线性时间观念。奥古斯丁的理论已经与古代的循环时间观念相决裂，而诺阿西姆·德·弗洛尔（Joachim de Flore）建议按照某种上升路线再现拯救史，这种上升路线以父系、儿子和精神的三重统治为标志。我们深知这种观念对启蒙时代之思想的影响，尤其是对康德思想、谢林思想的影响（Taguieff，2004，p. 109）。

现代性就这样把这种拯救思想世俗化了，其理由是，对于启蒙时代的哲学家而言，今后的希望系于未来的各代人，而不是他处虚无缥缈的天堂。这种世俗化丝毫不影响现代各个时期的合理性，即使存在着卡尔·史密斯（Karl Smith）的喻示。而布卢曼伯尔格（Blumemberg，1999）有理有节地指出了当时产生的完全独特的各种维度。现代性鼓励对世俗事物的好奇心，直至当时，这种好奇心被教会的神父们指责为无稽之谈。基督教等待上帝回来做终极的判断，而现代性则把拯救理解为人类的事业。现代性的"宏大叙事"，特别是孔多塞和黑格尔、孔德和马克思的"宏大叙事"继续着这种世俗化。正如利奥塔（Lyotard，1970）所强调的那样，这些叙事存在着两种版本。认识阶版本（version épistémique）建制性地实现于柏林大学的建立，柏林大学是现代大学的雏形，它从知识的无利害追寻中寻求真、善、美的统一。第二种版本既是伦理的、政治的，也是教育学的，竭力把个人和集体对更美好世界的希望与解放理论关联起来，后者如康德在《何谓启蒙？》里所界定的那样，康德把解放界定为走出弱小形态而接触独立思考的形态。知识培养精神，知识解放思想，知识团结人类，这些就是这个信条的三个层面，该信条升华了教育事业，为其增加了让人类在个人身上实现的思想。

加斯东·巴什拉尔的培育哲学大概构成了对这种前期世俗化的最严谨的继承。巴什拉尔把学校变成"社会生活的最高楷模"（1970 a），隐性地对权力欲望上升的科学城邦给予了批评。反之，在批判教条主义学派或其对应面经验主义学派时，他把这种主导科学城邦的问题意识作为理想赋予学校。按照他的想法，这种由探索精神激发的学校，可以使教育思想重新焕发青春，并与知识的培育功能和解放功能联结起来。对于科学城邦和学校的这种分别批评，使巴什拉尔能够在个人培养的某种问题性中，为源自启蒙时代的进步主题扭转方向；而个人培养的问题性被设想为走向某种更"人性化的"变化，设想为斯皮诺莎意义上的某种自然生发力（Fabre，1995）。但是在巴什拉尔看来，这种培养并不构成某种单纯的发展观。它是对自我的一种深化，以断裂和非连续性为特征。从此后，被思考为"自我智识监督"的我思故我在便具有了某种内在学校的形式。反之，学校又呈现为促进和强化这种内在两分法，这种造就思想力量的自我批判能力的现代方案（Fabre，2009 b）。为了描述关于自我的这种工作，这种由培育构成的问题与考验的辩证法，巴什拉尔呼唤弗洛伊德并锤炼出了知识之精神分析学的思想：学习，尤其是学习科学，乃是培育并分解自己的再现能力，培育并分解自我，直至丢掉对知识的所有幻想。须知，倘若知识是失去幻想的视界，那便是在思想界所发展的反对自身、反对各种认识论障碍的抵制斗争中形成的某种皈依。

世俗化：转移或清算？

知识的这种精神分析活动，应该完成于学校内部，因而被设想为皈依的某种世俗化形式，旨在把对真的追求和对善的追求联系起来。对知识的这种追寻同时也是斯皮诺莎意义上的某种伦理学：为了存在和成长的某种努力。因此，巴什拉尔不由自主地呼唤古老的锤炼背景，或者还有"老人已死"和"新人"到来的圣经主题。而米歇尔·塞尔正是批评了他的这种缺乏世俗化的思想（1972）。为什么会出现以认识论决裂的名义从大门里拒绝炼丹（alchimie）思想，而当思考培养问题时又从窗户里把它请回来的现象呢？其实，《科学精神的培养》的主导线索继承了道德神学及其七大原罪的主导线索，七大原罪指的是：骄傲、吝啬、懒、馋、奢、欲和怒。按照米歇尔·塞尔的说法，巴什拉尔在细数科学路径的错误时，把他的元言语上溯到某种科学基础的层面，上溯到人文学科的某种炼丹层面。而他的精神分析法就这样转化成了道化的发蒙。

米歇尔·塞尔之批评仍然留入阴影的，就是巴什拉尔的话语不仅把我们反馈到某种知识宗教的人道主义咒语那里。在他那里，知识的意义投入了分析的各种设计和种种再现的工作之中，他无疑只能勾勒其大概，但是他的教育学竞争对手们后来给予了很大发挥。这就是，皈依不再被思考为对真之表现的单纯的直观承认。思想恰恰拒绝幻想图式，而趋向于工作图式。在这里，皈依思想不能离开皈依技术而发展，这里指的是不能离开问题域的技术。因而这是对皈依思想的第二次转变方向，因为问题的实质较少瞄准着从某种错误再现向某种真实再现或更真实再现的过渡，更在于开展某种问题化的工作，在于叩问已经存在且似乎自行其道的某种知识。如果说皈依图式被重新激活了，那么巴什拉尔的思想则使它承受了向着建构主义理性主义的某种双重的观念替换。

然而，米歇尔·塞尔之批评所提出的问题其实如下：我们能够把学习思考为精神的培养，而不进行本体论、认识阶、伦理学、美学和技术这五重扎根活动吗？巴什拉尔或机灵或笨拙地用保持了他自己语言特色的宗教术语，邀请我们进入这五重扎根活动。正是这种扎根活动如今形成了问题。

后现代的世俗化

世俗化的第二阶段事实上是随着后现代化性而到来的，我们上文已经看过，理由是，后现代并不意味着某种超越程序，某种废止（*Aufhebung*），而更多地意味着某种分析程序，对现代性的某种分解程序（Lyotard，1988），某种解构程序（Derrida）或者还是某种精力恢复（*Vervindung*）程序，取从某种疾病中恢复过来的意义（Vattimo，1987）。简言之，通过置疑现代性的"宏大叙事"，后现代的叩问也达到了对启蒙时代所张扬之教育思想的世俗化程度。

种种教育图式的置疑

在广岛、奥斯威辛或切尔诺贝利以及现在的"911"等标志性事件之后，对进步的集体性追寻中真与善的结合事实上已经很难想象了；对于上述事件，当代哲学家们不断给予反思，他们全都把这些事件与理性和合理性两个概念的分离联系起来。诚然，科学和技术得到了发展，但是人们却没有自发地等来某种文明进步。而在个人层面，我们见识了过多的暴戾性的音乐狂或者过多的"疯狂"的科学家，于是很难相信伦理必然与科学和文化并行发展。另外，知识的膨胀，它们的指数般的增长，影响着整体性的教育思想。我们今天百科全书式的要求可以很好地具有哪些形式呢？在当今科学发展的碎片化和超级专业化进程的特征中，如何设想教育精神的统一性呢？最后，假如知识从此变成了登记在银行里的资料整体，流行在网络上的某种知识商品，买卖、销售有时甚至于抢劫（Lyotard，1979），那么这种知识的内在化、它的培养和解放力量将变得怎样呢？换言之，在这种背景下，如何思考信息、认识和知识之间的某种辩证法呢？这里知识似乎只能与力量关联起来进行思考，正如海德格尔（1958）早已看到的那样，他把地球上资源的检查作为20世纪科技情结的本质。

所有这些置疑都应该被理解为世俗化的第二道门槛。随着后现代性的到来，问题不再是为皈依思想创造某种世俗化的新内容，如同在现代性的世俗化一样。而是教育进程的抽象图式本身受到了影响。叩问集中于皈依图式本身而非它的这种或那种形象。这样，现代性的世俗化，从上溯的视角来看，就呈现为对内容的某种工作，但是原封不动地保留了支撑这些内容的思想图式。而正是对这些图式本身的置疑，构成了哲学的解构工作，不管是在德里达那里（在场图式），还是在德勒兹那里（基础图式），抑或在福柯那里（控制图式）。

神圣性的解构与坚持

涉及教育思想时，在我们看来，米歇尔·贝尔纳（Michel Bernard，1989）的著作在解构的方面走得最远。这是一种尼采方式的谱系式的举措，试图探测教育思想的本源及其在本源时期的价值。其实际内容并非揭示教育领域中存在的价值的生产程序，而是揭示教育本身价值的生产程序。更准确地说，在于揭示把教育变成一种价值的种种机制。问题在于弄清教育史上的教育努力如何显性或隐性地正统化。分析的目的不是要贬低教育行为的价值，而更多的是把它从其虚假的神学光环中拉出来。作者因而展示了影响教育思想本身的扩展程序：（1）教育兼指程序和它的结果："好的教育"。（2）这种结果是从其个人维度和集体维度来领会的。它既反馈到接受教育者的个人努力，也反馈到那些"受过良好教育的"各种人士的共同理想。（3）教育变成了某种崇拜的对象。正是这种神圣的动作本身标志着儿童变成成人，人走出动物性，自立性的掌握，人性的实现等。简言之，米歇尔·贝尔纳显示，教育言语已经和仍然按照某种"本质上属于宗教神话学的"模式运行（Bernard，p. 265）。因而，任何教育举措的盲点在于对教育行为之毋庸置疑价值的几乎神秘的信仰吗？米歇尔·贝尔纳的分析与我们很难在经典人文主义范围内思考教育的思想相吻合。我们从此清楚地知道，人文主义修辞学的情感很好地遮蔽了种种道德的、社会的和政治的规范化尝试。在需要传播的"神圣"文化那近乎神话般的言语背后，在解放性修辞学背后，历史分析很好地揭示了许多背景思想。换言之，米歇尔·贝尔纳的历史哲学话语本身被历史所承载，理由是它澄清了今后变得很难支撑的东西，亦即不应该摒弃或已经摒弃但本身实在不可想象的东西。

然而，难道不是这种词汇结构着法国的反教育学的修辞学吗？我们可以把它看作从媒介形式上发生改变的、试图重新激活教育思想之某种宗教观的尝试，理由是，其中的知识带上了神圣性，而学习则呈现为对智慧的某种祈祷。一切其实都好像唯有真理的显现必须直接触及灵魂，似乎观念应该自发运行，而不必经由任何技术性中介。知识的这些新神父们以显然处于积极捍卫状态的他们的躯体所调动的，确实正是这种宗教词汇。对于他们而言，知识属于某种智慧的圣灵降临节，或者属于某种启迪，就像从前使大马士革路上的保罗感到惊诧不已的启迪那样。真理降临聚精会神的孩子的灵魂，并使他立即皈依为学生（Fabre，2002）。

人们可以摒弃皈依图式吗？

尽管杜克海姆有过于轻易地把功利主义和唯美主义从教育思想中驱除掉的倾向，他的分析使我们能够稍显突兀地提出下述问题，即归根结底世俗化作为某种历史的嘲弄是否把教育重新带回了基督教学校之前的那种延续生命的装点式工具地位。总之，对知识崇拜的神秘化修辞学的拒绝迫使人们放弃皈依图式吗？倘若是，我们实际能够在现代性的教育思想之外来思考学校吗？那么什么样的词汇将向我们提供某种最终世俗化教育的钥匙呢？然而，把这个命题颠倒过来同样重要。假设皈依图式今后不再是可以想象的，那么就应该展示试图摒除该图式的种种尝试是如何成功地发明其他词汇的。须知，表面上很可能最具解构性的选择，实际上很可能把我们带向对宗教词汇的某种悖论性的平反。

伦理学的皈依

在很多当代人看来，对各种后现代社会中知识状态的掌握，使学校的解放和培养功能变得具有问题性了。在现代性学校与后现代社会之间的误解，如同芬吉耶尔克罗（Finkielkraut，1987）所揭示的那样，变得愈来愈深。在现代人那里，反馈到某种从偏见中解放出来并把激情差距化的工作的文化和自由的思想本身，今后仅指示满足需求的直接性。对于需要获得教育的要求，人们回以直接属于某种文化的明证性，这种文化仅界定社会身份、代际身份和种族身份。对于"成长为成熟人"的伦理学命令，人们回以对保持年轻并保留童年价值的关注。尽管应该对这种毫无区分的见解保持警惕，学校文化与青年的生活方式的分离，社会中和学校本身暴力的增加，面对知识某种相对主义的上升，所有这一切都引导着教育学思想突出对善的关注，超过了对真的关注（Houssaye，2003）。例如，面对某种视野蛮人为没有教养之人的楷模伦理学（Mattéi，

1999），发展起某种关切伦理学，后者更多地把野蛮作为暴力的参照系，并突出对和平的关注，超过了对知识的关注。尽管伦理学的关注不能意味着人们摒弃任何学习（就像反教育学批评所隐含的那样），这里学校仍然试图在杜克海姆设想的教育思想以外来自我定义。或者至少人们理解道，这种被后现代性弄得具有问题属性的教育思想今后不再能承担它的基础角色；另外假如它应该得到拯救，那么也只能在承认某种主体间性、承认某种从来不曾实现、但永远需要建构和再建构的共同体的基础上，才能得到拯救。

把教育言语聚焦于伦理学（关系、责任、法律的建构）的现象，另外似乎服从于后现代思想的严重趋向之一，在后现代思想看来，形而上学的衰落把我们从柏拉图带向圣经。海德格尔在把形而上学史设想为对存在的遗忘并抨击其完成犹如科技情结时，事实上迫使我们置疑我们思想的希腊遗产。对技术的检视最终十分清楚地显示了暴力，后者从一开始就支撑着形而上学的尝试。例如，本体神学论的潜在图式（在场图式、基础图式、掌控图式）的解构，引导许多思想家重新发现了西方思想的另一根源，即犹太—基督教遗产，而这种希腊根源的本体神学论恰恰遮蔽了上述遗产。

例如，列维纳斯（Lévinas，1990）就试图走出本体论的传统，张扬善高于存在以及对他者的关注高于对真理之关注的思想。尽管他避免抛弃希腊遗产（尤其是把善置于真之上的柏拉图传统），然而犹太—基督教主题实质上还是通过他确立了它们的哲学地位。同样的路径发生在瓦迪默（Vattimo，2004）那里，他试图通过宗教定义宗教，重新发现了基督教信息的本根：仁慈。另外，德尔达在《信仰与知识》（*Foi et savoir*，2001）里进行反思，相对于宽容，他更赞美好客。而罗蒂（Rorty，1990）则更直接地试图为团结行为恢复名誉。结构主义或后结构主义理论化仅仅30年之后，如果伦理学实际上没有把20世纪50年代基督教的人格主义的许多主题重新带回来且不明显承认这一点，它的重新发现有可能使大家吃惊。

形而上学的衰落迫使我们重新发现了整整一套宗教词汇这种现象，绝不是世俗化的最小悖论。那么我们的解构主义者需要进行大量的挣扎，才能从这种词汇中抽掉受形而上学感染的神学传统的所有积淀。于是瓦迪默（Vattimo，2004）一再抨击不可知论，同时又承认在后形而上学时代，无神论是没有根基的，就像信仰一样。而吕克·费利（Ferry et Gauchet, 2004）要求基督徒身份，同时又承认某种没有上帝的宗教，这使他可以把世俗化想象为"人的神化和神的人化"。吕克·费利和吉阿尼·瓦迪默之所以认为，宗教词汇的重新投入是不可避免的，那是因为他们承认在真理的追寻中，爱情行为或美某种人性的绝对不可能通过其他方式来表达，而只能"神化"或"神圣化"，表述在这些神圣化的隐喻中，后者从此构成了我们语言的共同用法（Reboul, 1999）。

回到教育哲学领域的关切伦理学把善的追求放在了真的追求之前，这种伦理学因而无法避免皈依图式，尽管它趋向于把这种图式置于杜克海姆所想象的教育思想的此岸。其实质更多地在于回到某种归根结底更多福音内容、而非具有特别现代特色的皈依形式，例如仁慈、爱、团结互助，简言之，回到某种把认识阶建立在伦理学之上的某种皈依。如果说教育行为具有某种价值，那就是走出暴力而走向尊重。在这种视野里，作为暴力的野蛮比作为无知的野蛮具有更多的根本性（Fabre, 2005）。

审美性皈依

关切伦理学的发展是在对失败的某种发现的基础上进行的：后现代知识解放价值和培养价值的失败。从启蒙世纪开始，教育思想事实上逐渐把科学文化作为基础，即使直到 20 世纪初公立中学才赋予科学文化在教育进程中的全部地位。这尤其是杜克海姆的雄心：教育学把"诸如逻辑教育、道德教育、审美教育和政治教育"这些科学的人文主义继承作为自己的目标。然而正如阿兰·凯尔朗（Alain Kerlan, 1998）所强调的那样，从此后科学学科一直被列为教学内容，但是它们却面临着许多教育困难，这难道不是因为张扬问题意识的困难吗？如同我们上文中已经看到的那样。它们于是就落脚到教育思想之外，原因是，它们被无限的碎片化，并因而使统一思想和整体思想具有问题性了。正如胡塞尔（Husserl, 1976）已经担忧的那样，科学很难作为某种真正的文化而自立。因此，科学的教育不断地被改革，却从来不曾兑现其解放承诺。因此，应该以另外的方式提出问题。问题不在于弄清科学培养精神与否，而更多地在于弄清我们是否能够居住在我们的科学技术文明之中。在凯尔朗看来，我们更多的应该以适应术语来思考科学的教育。

然而，对失败的这种发现这次却没有引导我们以伦理学的方式思考皈依。它更多地向我们开启了超越杜克海姆对美学的稍嫌仓促的抨击而为美学恢复名誉的道路。在杜克海姆仅看到某种单纯的外部装饰的地方，奥古斯丁·孔德则以更深刻的目光，把美学变成"主观综合"的场域，这还是主体对文化认同的形式。凯尔朗继孔德之后，重新赋予美学个人文化建立之场域的地位，并沿着瓦迪默的思路（1987），把艺术的终结理解为存在的审美化，试图以此赋予自己某种实证主义，这种实证主义经常被误解。他试图这样把所有聚合在从美学开始重构教育思想的符号联系起来。在凯尔朗那里，文化被定义为，在意指世界中对科学技术世界本身的某种主观性借用。我们能够从中读出图雷纳（Touraine，1992）所钟爱的这种理性与主体之和解的征兆吗？

我们因此而走出了皈依吗？人们不可避免的，从这种学习的审美化中，发现以宗教教育为根源的教育结构。凯尔朗（1998，2000）在突出作品之要求的先锋派精英的浪漫主义与趣味判断的民主的美学之间犹豫。但是，在这里作为范式的趣味的形成，能够脱离对代表作的欣赏吗？后者超越我们，而我们应该贪婪地把目光转向它们，就如同转向美的太阳一样。假如教育学问题如同凯尔朗所强调的那样，确实存在于青年文化与学校文化的关系之中，那么在何种程度上，教育最终不与皈依的即审美化的形式相关联呢？

适应图式

显然，人们探查的任何道路都没有成功地在皈依形式之外来思考教育。那么需要有更强烈的解构愿望并尝试动员视教育为适应的实用主义的极端性吗？

事实上，在杜威看来（1993），适应延续着某种生命进程，这种思路继承着达尔文的思想。这种扎根于生物学的思想可以把真理思想的世俗化考虑为种种问题的处理，这种世俗化在拉利·劳当（Larry Laudan，1977）那里找到了它的完结。按照这种视野，科学的发展不再可能用接近某种真理的术语来思考，后者被设计为精神与事物的相符。如果我们放弃把我们自己置于上帝的视点，那么就不再可能从先验形而上学角度保证这种相符。我们对真理的知识，局限于我们的广义的验证范围。问题化的词汇足以表达对认识平衡的追求（而不仅是功利主义的平衡），后者是科学探索的特征（Fabre，1999）。同一世俗化似乎也影响了教育思想。这里皈依图式似乎以极端的方式被质疑，因为人们把学习理解为发蒙，用波佩尔（Popper）的话说，后者似乎是"从阿米巴（变形虫）到爱因斯坦"一般生物的某种属性。

对于很多思想家而言，特别是在法国，存在着扩散到教育学文化的某种实用主义，而这种实用主义应该受到抨击，因为它把适应于现代社会作为教育的目的本身。按照影响欧洲特别是法国对实用主义之接受的那些偏见，这里的适应思想完全被漫画化了，并缩减为它的严格的功利主义风貌。在阅读杜威时，我们仍然可以发现，假如教育确实以适应为目的，那么后者应该以很广义的方式思考为，把公民引导到某种民主化社会中来（Fabre，2008 a）。因此，适应绝对不是某种瞬间性的调适，使其吻合于社会的现在形态，因为公民的作用就是让这个民主社会演变，民主社会的特征，在杜威看来，恰恰就是可以接受经验。而适应思想甚至不能把我们带入某种文化的进程观，理由是，相反，发蒙应该理解为进入某种实质意义上的文化，包含其全部财富的美国文化或者欧洲文化。反之，发蒙扎根于生物的观念迫使我们从其全部维度思考这种文化。它禁止我们只看到其中的智识现象。其实这是一种介入主体情感维度、社会维度、身份维度的进程。诚然，我们可以认为实用主义所动员的经验思想很狭隘（Finger，1989）。而伽达默尔（1976）很有道理地指出，经验应该同时从其理性版本（如实验版本，实用主义即是这样做的）和其存在版本来理解，后者如我的经验，而任何人都不可能有处于我的位置上的经验（实用主义对这种形态设想得并不很好）。然而，在稍许诉求杜威思想的同时，我们很容易把它引导到某种更广泛、更全面的经验观。

总而言之，实用主义使我们确实改变了图式：适应代替了皈依。但是从一种图式走向另一种图式，意义的核心继续存在。假如此后把学习理解为发蒙，这种人学现象不可能无关痛痒的给予思考：问题依然是从整体上影响个人的某种进程，这种进程给予它另一种生存而改变了他，使其长大。发蒙依然被包裹在某种意动思想里，并保持为某种价值，这种价值同时具有完全的生命意义和完全的人学意义。然而，随着这种图式的改变，发生了两种变味。一方面，发蒙今后被思考为某种完全内在的程序，仅关涉某"机体"（如杜威所说）与其自然场域和文化场域之关系的平面性。而实际调节发蒙进程的，是作用于经验的真实原则，和理性原则，后者要求在科学领域或民主范围的理性讨论中服从最好的论据。另一方面，从皈依向适应的过渡中有可能失去的东西，是精神的某种转向、转化思想。在杜威的继续哲学中，发蒙似乎不要求认识论的决裂或者理解力的改革，如同在皈依图式及其柏拉图变异、基督教变异或巴什拉尔变异版本中那样。认识不再背离于舆论，而更多地设想为通过"提升性平衡"而进行的经验的某种建构，按照某种后来在皮亚杰（Piaget）那里得到澄清的动力。与杜威不同的是，我们则认为，适应图式丝毫不蕴含继续观，它完全可以与决裂思想相兼容，我们以为，问题化蕴含着决裂思想。发蒙确实处于由平衡和不平衡、危机和决裂构成的某种历史的继续之中，亦即处于继续性/决裂的某种辩证法之中，像巴什拉尔所想象的那样。反之，实用主义大概可以把巴什拉尔的培养思想从古老的皈依宗教根基中拖出来，皈依依然是巴什拉尔的思想（Fabre，2009 a）。

至于杜克海姆视为现代学校之规范方案的教育思想，我们能够通过现代性的世俗化和后现代性的世俗化两个门槛，发现对皈依图式的抵制。人们确实可以指责巴什拉尔暗自从一种传授宗教奥义的词汇滑到某种带有精神分析色彩的词汇，但是伦理学或审美学试图对教育思想的批评，只能以这种方式或那种方式继承宗教词汇而进行：福音书的词汇或宗教教育的词汇。那么应该把实用主义看作是走出宗教教育的大门吗？当人们用适应图式代替了皈依图式时，世俗化的第二道门槛就能够得以完成吗？实用主义确实完成了从学习的形而上学向某种发蒙的人类学的过渡。这种改变所付出的代价是什么呢？教育思想在改变的路途上迷失了吗？无疑，统一性的要求和整体要求今后比以往任何时候都更具问题性。从皈依到适应，我们还抛弃了修辞学的情感，而代之人类学的朴实。但是，把适应同时思考为扎根于生命和人学现象，人们难道没有从中找到这种学习经验不可磨灭的内核及其本体论、认识阶、伦理学、美学和技术的锚地吗？

结　论

马塞尔·戈歇（Ferry et Gauchet，2004）呼唤某种新词汇以表达这种思维转向，后者使我们脱离上帝的镜子，如同最终在我们内心自我观照那样走出宗教，这种思维与转变改变着我们。实用主义能够向我们提供与世俗化和反思性的某种新门槛相吻合的这种词汇吗？这样提出问题，难道不是从探索某种归根结底忠实于某种字面意义或原义，简言之，非形而上学意义的开始吗？这种追求在完美创造语言的已经很长的乌托邦名单上构成了又一次尝试。如果想象真的首屈一指，像吉尔贝·杜朗所展示的那样（Gilbert Durand，1969），如果我们的全部修辞学和我们的全部哲学仅仅是把象征表达为图式然后再表达为观念，我们就很难脱离困扰我们语言并使其运转的种种意象。我们称作教育的宗教词汇（基督教词汇）大概只是构成我们想象的某种特殊表达。以至于我们的问题退了一步。诚如基督教所建立的皈依图式，自身大概只是人类想象的白昼体系的某种变形。那么，假如把杜朗的立场极端化，就不难做到颠倒讨论的术语。远未构成这种中性词汇、这种需要在新的反思性中掌握的忠实意义的实用主义自身，在很大程度上其实应该理解为想象体制的某种改变。

　　走出洞穴其实有好几种方式。人们可以通过上层（皈依）或者通过下层（帕斯卡尔式的娱乐）走出洞穴。但是，人们也可以通过向历史开放洞穴，把学习变成某种"缓慢的皈依"而走出洞穴，像杜克海姆已经喻示的那样。那么我们就慢慢地挤进了黑夜体制。亚里士多德在其《物理学》里把学习想象为培养所开创的这种运动，在黑格尔的历史哲学的当代教育小说中得以绽放（Fabre，2006）。按照卢卡奇的说法，歌德（Goethe）已经把培养想象为某种问题性英雄的历险：个人与其社会的某种决裂经验然后是某种调和经验。实用主义（我们尤其深知杜威的黑格尔思想根源）很可能归根结底只是培养黑夜体系这种优越地位的临时性结果。学习今后不再是把其目光从洞穴的阴影中转向上边以观看善的阳光。学习今后变成了某种历史，后者介入某种继续性的问题化，这种历史进程并非没有曲折、没有危机、没有认识论的断裂，即使它建立在某种经验的继续性的根基上。那么实用主义的功绩就在于终极性地把巴什拉尔的培养思想与其继续性/断裂性的辩证法从柏拉图的白昼体系中脱离出来，后者当时还是他的思想。

　　也许问题不是以任何代价去神秘化，把一直并依然在忠实意义与引申意义的形而上学对立中存在的东西去神秘化。实用主义大概可能教给我们的，是对我们使用的种种隐喻保持警惕。因为倘若象征让我们思考，它却不能代替我们思考。即使黑格尔关于用哲学术语全面反映宗教的雄心是站不住脚的，即使象征永远可能超越我们的思想而思考是可能的，我们仍然不应该因此放弃建立阐释学与批评之间的某种辩证法。在这样一种视野里，我们应该一任传统的呼唤，同时又反过来呼唤传统，恰恰从这种传统使我们能够接触的反思性层面开始。那么大概有必要挖掘实用主义所开创的与文化的另一种关系的可能性：一种并不贪婪但是既非不信宗教又非亵渎神灵的某种关系。文化的某种非神灵化决不是非合法化。也许是某种"乐天学问"？

第 八 章

文化问题

　　这样一种既非不信宗教又非亵渎神灵的世俗化的特殊场域很可能就是文化问题。在文化领域像其他领域一样，学校的辩论及陪伴这场辩论的抨击修辞学，不断地在某种贫瘠的西部文化中重拾二元对立。在芬基耶克罗或者乔治·施坦纳（George Steiner）或者还有"拯救文学"一侧，人们诉求于文化。这里指的是唯一的"伟大文化"，即代表作的文化：莫扎特（Mozart）、康德、福楼拜（Flaubert）。学校文化应该从这种"伟大文化"中汲取营养。人们梦想某种没有租界的学校，在那里，孩子们不必预先背负种种教条，而直接面对代表作。人们只能在接触更伟大东西的过程中成长起来。假如学校不能培养孩子成长，那么它就放弃了自己的职责，它就不再是学校：它以交际换取了解放。学校本质上是现代性的，而学生们则是后现代性的（他们的某些老师大概也如此）。这就是问题所在。

　　这种披着抵制外衣的"文化诉求"，趋向于把教育学家、把文化媒介人物，变成一个羞于以一再增加预科为借口而放弃培养责任的相对主义者。雅克利娜·德·罗米利（Jacqueline de Romilly）因此而抱怨在一部所谓的文学教材中看到《阿斯黛利克斯》（*Astérix*）游荡于《萌芽》（*Germinal*）和《伊菲热尼》（*Iphigénie*）之间。[①] 她似乎也很吃惊地听到音乐老

---

　　① "人们告诉我，有一些教授法国文学文本的教材。这是真的。但是我手头拥有的它们中的许多种一点都不能使我放心，它们充斥着厚重的现代化欲望……我看到了这样一部四年级的课本，在那里，克里斯蒂娜·德·利瓦尔（Christine de Rivoyre）和克丽斯蒂雅娜·罗什福尔（Christiane Rochefort）每人都与莫里哀占据了同样的地位，西蒙娜·德·波伏瓦（Simone de Beauvoir）与维克多·雨果（Victor Hugo）并肩而立。在另一部教材里，《阿斯黛利克斯》游荡于《萌芽》与《伊菲热尼》之间。自然，我丝毫无意反对我们时代的这些作家。但是我不相信这种过于轻率的做法。"——雅克利娜·德·罗米利（1984，p. 61）。然而令人怀疑的是，阿斯黛利克斯能够成为当今学生们早期文化的一部分，像雅克利娜·德·罗米利所以为的那样。

师让学生们聆听某种呼唤埃米纳姆（Eminem）[①] 的祈神降祸歌。然而尽管如此，难道人们不能赋予《萌芽》、《阿斯黛莉克斯》、《伊菲热尼》或者还有莫扎克、埃米纳姆、贝多芬等这些其实有一丁点巴洛克色彩的共同存在相对主义之外的另一种意义吗？

　　问题性世界是一个文化上的多元世界。如何想象这种文化多元主义呢，是位于精英主义与相对主义之间吗？同时，经验的建立和传播不可能脱离种种文化图示。"经典"作品构成这类标志。人们从中想脱离的是何种意义呢？问题在于弄清如何传播这些文化图示而又不对下述现象带有偏见，即这种传播也要求在学生们那里拥有某种开放的思考空间（某种指南），后者可以使他们在接受经典文化的同时，建立他们的早期文化。

文化与野蛮：精英主义的形式

　　谈论学生们的文化并非是自然而然的事。它意味着赋予"文化"一词某种社会学的意义，即描述式的而非规范性的意义（Kambouchener，1995）。例如，任何个人，不管他是谁，都沉浸在某种文化之中，后者可以视为行为规范、习惯、共同参照系、共同遗产的某种整体。例如人们谈论法国文化或者欧洲文化，甚至于还有企业文化，但是却绝不谈论某种成功文化、暴力文化等。与"文化"一词这种社会学意义（由 20 世纪初的泰勒/Tylor、博厄斯/Boas、马利诺乌斯基/Malnowski、卡尔迪纳/Kardiner等人的文化人类学引入）相对应，哲学家们喜欢对之以规范意义上的、作为自我培养努力结果的文化。他们有时指责社会学家们把文化想象成某种即时的和自发的沉浸。这样我们就看到了文化意义的两种用法的重叠，一种是描述性用法，另一种是规范性用法。谈论学生们的"文化"和"学校文化"，等于置身于这两种用法的交汇处。意思是说，有一部分文化遗产只能经过许多学习的努力才可能获得。那么，如何想象早期文化与伟大文化之间的关系呢？

野蛮的形象

　　首先对于贵族式的精英主义而言，唯有伟大文化（莫扎特、福楼拜、

---

① 埃米纳姆，生于 1972 年 10 月 17 日，美国一名说唱歌手。——译注。

康德）有意义。人们所谓的学生文化（例如他们所谓的音乐文化），只不过是一种子文化产品，一种子文化现象。正如布尔迪厄（Bourdieu）在《区别》（*La distinction*，1979，p. VIII）一书中所说，文化的朝圣使它涉及的种种物质、人物和环境都承受了某种"与质变相关联的本体论升华"。对伟大文化的这种神化服从于某种贵族伦理学，否定了低级的、粗俗的、平庸的和唯利是图的享受，反之，则提升了崇高的、细腻的、无私的、无偿的种种乐趣。这种精英主义有一种保守版本，把文化与野蛮对立起来。

野蛮主题在当今关于文化和教育危机的讨论中获得了成功。野蛮这个概念起源于罗马世界，它拥有两种截然不同的意义，即残酷（la *feritas*）和欺骗（la *vanitas*）意义（Roger – Pol Droit，2007）。残酷意味着野蛮侵略的暴力、极度、失衡。与这种破坏性的野蛮相对立的，是一种温柔的野蛮，后者经常引用诸如空洞、烦恼、好色、脆弱和腐败等东方名录。当柏拉图和亚里士多德提到支撑着慵懒和贫瘠的吕底亚音乐方式的过度色情色彩时，他们所抛弃的正是这种欺骗。歌德在《致艾克曼的信》（*Lettres à Eckermann*）中，把欺骗界定为无视杰出（Mattéi，1999，p. 13）。更具体地说，欺骗具有下述特点：（1）无视美和无知；（2）自视杰出或否定杰出；（3）没有创造能力；（4）混杂着破坏和倒退的愿望。对于当代的悲观主义而言，学校面临着许多新的野蛮现象，很难培养学生成人。但是，这种慵懒性反馈到在后现代社会散布更广泛的形式，就像北美的知识分子如阿伦·布卢姆（Allan Bloom，1987）或者克里斯托弗·拉希（Christopher Lasch，2000）很久以来就诊断出的那些形式。简言之，忘却苏格拉底所要求的对"灵魂的这种关注"就是野蛮。后现代性处心积虑地摧毁任何意义，严格地呈现为"污秽不堪"，如果我们设想，"污秽不堪就是当遥远退去之后遗留在世界上的肮脏之物……"时（Mattéi，1999，p. 140）。

这种野蛮主题贯穿着乔治·斯泰纳的全部作品。在他那里，文化与野蛮互为辩证物。两次世界大战的残酷是被深入 19 世纪文化中的欺骗所呼唤的，而我们却试图把 19 世纪变成一个黄金时代。种种革命理想的崩溃以及拿破仑时代的垮台，其实创立了各种嘈杂不休的、此后无所事事的能量的积累。美丽时代把虚空和某种澄清之火的要求隐蔽起来。泰奥菲勒·戈蒂耶（Théophile Gautier）惊呼道："宁愿野蛮而不要烦恼"（Steiner，1973，p. 21）。那么，如何解释野蛮细腻之顶峰却采取了大屠杀犹太人的形式呢？因为用希特勒的话说，"意识是犹太人的一种创造"（同上书，第 47 页）。犹太人大屠杀的情形是，一神论受到了质疑。假如像尼采所肯定的那样，多神论就是创造性自由的同义语，那么创立一个唯一的神灵意味着"一切都是允许的"这种观念的终结。犹太主义是西方人心目中的坏意识，经常敲诈完美。那么，就不必为上帝之死创造了人间地狱感到奇怪："在我们现在的野蛮中，某种已经死亡的神学在躁动"（同上书，第 67 页）。① 然而，与从中获得启发的托马斯·埃利奥（Thomas Eliot）不同的是，斯泰纳并没有为了宗教的恢复而战斗。他更多的是从广义的宗教角度来思考文化的，视文化为与时代和与死亡的关系。文化是通过作品达到超验、超脱死亡的愿望。这是艾吕雅（Eluard）的"永生的艰难愿望"。这种永恒愿望确实属于某种神圣，但是并不反馈到某种特殊的崇拜。它更多地意味着价值的超验。

逻各斯与反逻各斯

从前，价值位于某种贯时面：从上到下，文明与野蛮，知识与愚昧等。此后，各种对立变成了纯粹的"区分"符号，它们位于横向层面，发挥着在平面世界取消任何等级的相对主义角色。文化其实要求意义上的某种赌注并蕴涵着某种超验。但是在平面世界里，任何作品都只是一面镜子或一种借口，而非对世界开放的某种窗口（Steiner, 1991）。内在性让我们面临无穷无尽的注释，面对解释之解释。我们试图用作品的外在评论代替意义的内在经验。因此在斯泰纳看来，教育的最根本问题就是阅读的可能性本身的问题。真正的阅读就是阐释、翻译、执行、搬上舞台，如同我们经常在意义艺术（音乐、绘画、戏剧）里看到的那样。对于舒曼（Schuman）而言，解释一部奏鸣曲，就是演奏和再演奏它。施坦纳把我们的评注时代与亚历山大或拜占庭的时代相比拟。我们从这里可以看出，欺骗拥有亚洲式的精练风貌。

评注的这种膨胀有两个不同的但聚合在一起的原因。前者是，经典作品不再被大众所直接接触。由此出现了大量的脚注。当人们觉得必要向读者解释，维纳斯是异教的爱情女神的姓名时，人们便衡量文本对当代人的密封性。但是在这些第一等级的评注之上，还有更博学的解释，后者给文本增加了过多的负担并使之变得不可卒读。另外，后现代性的评注完成

---

① 我们在让—克洛德·米尔纳（Jean - Claude Milner, 2003）那里可以读到相似的分析。

了意义在各种形式的结构中的分离。哲学从此让位于某种放置学。从索绪尔（Saussure）到德里达，中经维特根斯坦和巴特（Barthes），我们回到了"结尾"时代这种没有主体、自我参照的言语，在那里，各种符号仅反馈其自身，并关闭言语。德里达在热衷于解构的同时，相反却很好地揭示了什么是作品的本质，这就是意义的完满，神祇的真实在场。施坦纳于是接了伊拉斯谟（Erasme），然后又接过了莱布尼茨（Leibniz）的"野蛮文人"的概念（Roger – Pol Droit，2007，p. 236）。这是因为对文本的自以为科学的分析，摧毁了作品与其评注的任何差异，前者从此不再拥有比后者更多的价值。当作品仅仅成为符号的某种安排时，就意味着阅读变成了作品。正如巴特所说的那样，没有任何阅读比另一种阅读更贴切，所有的阅读都是创造性的。于是我们都成了意义的孤儿，但是又都是反逻各斯的创造者。与作者之死相对应的是，君主般读者的诞生。这就是欺骗的鼎盛时代，它意味着把所有的价值都削平。

在施坦纳看来，人们无法摧毁解构，但是只能朝其侧面迈出一步，并承认作品不再仅仅是信息论意义上的某种信息，而是价值的某种创造，因而它本身又要求某种评价。因为没有用来评判语言的阿基米德点，文化人确实或多或少任意性的把代表作、把经典作品神圣化了。那里有某种需要保存和传播的神圣性积淀。时间的考验奖惩着各种选择：继笨拙之后而存活下来的作品就是经典作品。于是有下述基本的格言：相对于评注，作品拥有本体论的优先权，因为后者不能没有它而存在，但是作品却完全可以没有评注而存在。这就是说，接受美学应该建立在伦理学的基础上：作品是一种呼唤。自此，阅读便是接受、承认和虔敬。它向高于自己的东西开放。作品是创造，并以创世为楷模。正是从这种创作行为中，某种新意义，某种从来不曾言说的意义喷薄而出。因此，解构属于某种否定神学：它通过种种迂回途径，承认什么是意义以及什么不是意义。针对幼稚的或去神圣性的评注的膨胀，施坦纳把读者的"献媚"与之相对立，夏尔旦在《一个被阅读占据的哲学家》（*Un philosophe occupé de sa lecture*，Steiner，1996）里把这种献媚提升到了淋漓尽致的境界，在那里，一个衣着讲究的学者，手里握着笔，抄写并注释文本，把大段大段的文字"默记在心"，在某种孤独的沉默中，贪婪地与自我对话。在这种鉴赏美学里，文本成为权威，而读者的责任正如贝基（Péguy）所说，构成了作品的真正终结，我们就掉进了大不敬的年代。我们不再鉴赏任何东西，既不鉴赏作品，也不欣赏老师（Steiner，2003，p. 184）。

我们有可能指出，意味着现代性之失败的纳粹的残暴与后现代欺骗性的并行性。两种倾向都试图以它们的方式清除超验性。那么，野蛮就与贯时性、与价值的某种沦落密切相关。我们不难理解，在施坦纳那里，存在着双重张力：怀旧与好奇之间的张力，杰出与诉求之间的张力。

文化的某种贵族性

施坦纳（2000）承认，对伟大文化的赞美是精英主义的同义词。确实，过去那些大作家们，大部分时间里都享受到了得天独厚的社会环境，以至于一些人的乐趣是从另一些人的耕耘中获得滋养的。在他看来，恰恰相反，上流文化的民主化仅产生出了一种"荒诞的杂种"现象。正如尼采已经看到的那样，大众文化被新闻媒体所困扰，这种"时代"的主人善于迅速地庆贺"文化"而损害作品。能够穿着拖鞋聆听《圣马修解释激情》（*La passion selon saint Matthieu*），亵渎了作品却并没有因此而获得更好的理解（Steiner，1973，p. 134）。大众文化使那些粗俗者欣喜若狂，然而这还是文化吗？另外，大学职业的专业化使掌控的意义发生了深刻的变质，后者已经失去了原初的蕴涵。柏林大学，冯·洪堡大学具有等级观念。我们今天很熟悉的德国大学模式的美国化，旨在把"杰出家庭化"。总之，如果可能的话，"美国的天才将把永恒民主化"（Steiner，1991，p. 54）。这种表达很有启发意义，因为它借用了冉森教派的拯救的问题性和入选者之小圈子的问题性。

难道重新激活与文化的这种关系不属于学校吗？施坦纳不停地抱怨"计划性的遗忘症"，而教育备受这种计划性的遗忘症之苦，与他本人于20世纪初享受的教育截然相反。最让他关心的是对传播的担忧。不管平等思想面对有教养的精英时会做出何种抱怨，应该感谢他善于把自己的趣味施加给整个社会，并相继发挥贵族的、中产阶级的、白领阶层的权威性，促进了自身的扩散和传播。简言之，"精英阶层不管人数何等少，却体现着文化的遗产和神经"（Steiner，1973，p. 124）。如果需要改革学校，那么不是要朝着某种平等化的方向（例如朗日凡·瓦伦/Langevin Wallon 方案的方向）去提高人民的一般水平，而更应该重新找回某种真正的精英教育的条件。诚然，施坦纳为塞西尔·拉加利（Cécile Ladjali）的教育学工作而兴奋。他为《默诵》（*Murmures*）的"启蒙思想"而喜出望外，这是德朗西市艾瓦利斯特·加卢瓦国立中学学生们写的小诗集。但是这次经验对他而言仍然是奇迹之下的经验。他从女教师的"白色魔幻"中看到了"僧侣阶层的这种背叛"的一个特殊的例外，后者影响据他而言中断了自己的"伊波克拉特誓言"的教师队伍（Steiner et Ladjali，2003，p. 147）。另外，我们还可以从大牌教师与郊区女教师之间明显的伊迪利克式双簧中发现某些微妙的不和谐之处（同上书，第 71 和 94 页）。当塞西尔·拉加利宣称最大的野蛮是"她的学生们正在蒙受的阻止学习"，当她说要斗争，要让孩子们真诚地接受自身文化，如果可能时促使他们全体向着最大的可能性发展，当她遗憾未能调动一个倔强的学生时，施坦纳对她的回应是希望她获得教师应得的最大回报：使若干特异人才绽放出才华，无论如何他们都比他更有天赋（同上书，第 24—136 页）。总之，在施坦纳那里，对传播和创造力的关注，对天才的探寻，高于对大众教育的关心。教育，就是要让某种可能的超验人物脱颖而出。所有这一切都是因为施坦纳首先担心中世纪那些黑暗时代里的野蛮重新出现，那时几乎找不到一个僧人来传达希腊罗马世界的知识。瓦莱里（Valéry）是对的：各种文明都是要死亡的。然而，把任何灾难搁置一旁，老师指责自己的学生太没天赋的事情并不鲜见。传授给我们的知识、应该传达之知识与应该向谁传达这些知识之间的联系是不透明的。对传递的这种焦虑是不是太过分了？不，因为在施坦纳看来，今天的美国预示着明天的欧洲。在那里，顶尖的博学者与大众的愚昧并肩而立。真正的危机是，学院主义与民间化的并列，上层文化被弃置到博物馆里。

施坦纳所怀念的，是一种同时远离学究气的博学和大众趣味的文化的某种贵族性。然而有可能出现这样的情况，即从另一种方向观之，对作品的这种崇拜危险地与野蛮并肩。被推向极致的精英主义向施坦纳喻示着这种不可以承认的思想：一座大图书馆的火灾或者埃瓦利斯特·加卢瓦的英年早逝与平常人的屠杀没有共同的衡量尺度（Steiner，1973，p. 101）。施特纳最终在某种高雅文化理论这些在他看来合乎逻辑的结果面前退却了。支撑文化精英主义的杰出伦理学就这样进入了与某种希望伦理学（关切伦理学）的张力之中（Fabre，2005）。由此产生了引用列维纳斯的某种模糊性。我们能够把对作品的尊敬建立在某种个人主义的基础上吗？对于后者而言，真正的文化建立在对第一个碰到之人（即任何人）的爱之上，"谈论这种爱之崇高化和世俗化的任何文学文化、所有的图书馆和全部圣经所预设的爱"（Lévinas，1991，p. 193）。在列维纳斯那里，超验性确实就是他者的超验，但是这个他者首先是其他人，我的兄弟，我的邻居，不管他与大众何等一致。

思考文化的多元主义

施坦纳的贵族主义仅代表精英主义凸出的一种特殊风貌，精英主义还有其他形式，现在我们应该挖掘这些形式，澄清它们的伦理学和政治学后果，并检验它们的社会学贴切性。

精英主义的多重版本

共和式精英主义构成精英领导的一种版本，这种版本在"反教育学人士"那里表述如下：学校是所有学生不管其出身如何都可以接触伟大文化的场所。因此学校应该仅教授代表作（莫扎特、福楼拜、康德）。它与那些文化的子产品（像阿斯泰利克斯、埃米纳姆、哈里波特/Harry - Potter）没有任何干系。学校如果想给年轻人教授他们耳熟能详的东西是很滑稽的事。另外，只有学校可以使青年大众接触上述伟大文化，而他们以前很少这种机会。让学生文化退场吧！把位置留给代表作。其他一切都只是娱乐而已！

然而，两种文化世界的区分并不是贵族精英主义和共和精英主义的特权。以前曾经有过并且现在仍然在继续着来自大众文化左派的某种批评，大众文化被视为消费文化或者还有群众文化。这就是法兰克福学派的情况，如阿多诺（Adorno）或本雅明（Benjamin）对大众文化的批评，还有法国的诸如鲍德里亚（Baudrillard）或者还有卡斯多利亚蒂斯（Castoriadis）的批评。这里所瞄准的，是资本主义精神在文化中的渗透：文化已经作为文化消费的产品在变卖的事实；媒体（特别是某种展示真实和或多或少以平庸系列为特征的电视……）最终变成了愚弄人民的某种企业的事实。来自左派的这种批评强化了下述思想，即学校应该弘扬某种反文化。这里也包含着最经典的文化也揭示了某种颠覆的潜在性，它甚至能够提供批判资本主义所生产的种种子文化的工具的思想。莫扎特、福楼拜、康德一致团结起来反对愚昧，这不是一种天生的自发的愚昧，而是由消费社会人为生产的某种愚昧；某种迪斯尼文化或某种"可口可乐"文化（Stiegler，2008）。

然而，对大众文化的这种批判喻示着人们遮蔽了下述事实，即"伟大文化"本身也是一种历史的产品，是精英们的产品。于是我们在 20 世纪 60 年代的马克思主义阵营里看到了把某种资本主义文化与某种大众文化相对立的现象。而像乔治·施奈德斯（Georges Snyders）等其他马克思主义者对此的反应甚为激烈（1976），在施奈德斯看来，伟大文化的资产阶级根源丝毫不影响其内在的内容。与其用某种模糊的大众文化对抗资本主义文化，在施奈德斯看来，更好的办法恰恰是把学校变成人民可以获得对这种资产阶级根源的文化进行潜在批评的场所，而这种潜在批评经常被当今的资产阶级所扼杀或者据为己有。[①] 施奈德斯很有道理地指出（2002），在精英主义的这些多重版本中，对代表作的赞美伴随着对世界的某种"贬低"。而朗西埃（Rancière，2005 a）在《民主欧洲的犯罪倾向》（des Penchants criminels de l'Europe démocratique，2003）一书的人物米尔纳身上揭示了对民主的某种仇恨，这种仇恨其实在其小册子《论学校》（De l'Ecole，1984）的字里行间已经有所透露。施奈德斯认为，对世界的这种贬值禁止了任何政治改革的前景，也禁止了文化解放的任何前景。施耐德斯问道，人们可以自视为"左派"而没有对其时代的最低程度的信任吗？假如整个世界，假如所有的年轻人都处于这种迷失点，什么前所未有的奇迹能够刺激一种有效进步的行动呢？同样，什么样的跳跃能够让他们奔向代表作文化呢？在这种视野里，学校只能发挥某种保守作用，取阿伦特（Arendt）赋予它的意义。但是阿伦特认为（1972），教育恰恰是决定我们是否热爱世界和我们的孩子们的关键点。教育者的责任，她认为，就是承担他们所继承的世界，即使他们希望这个世界不同于它以前的面貌。

个体的文化

精英主义者的这些立场是否来自对当今文化现实的反映？我们阅读社会学家们的著作时，可能对此有所怀疑。这里我们以贝尔纳·拉伊尔（Bernard Lahire，2004）最近的研究著述为依据，它们迫使我们以新的代价重新提出文化区别的问题。拉伊尔吁请我们以另外的方式提出问题：不

---

① "我们需要斗争，以恢复伟大文化作品的革命意义，这是它们实际拥有的意义，但是资产阶级传统竭力扼杀它"（Snyders，1976，p. 297）。

再提"什么是文化?"或者还有"什么是有教养?"这样的问题,而更多提出"在今天这种所谓后现代社会里,个体文化究竟变成什么样呢?"的问题。调查把伟大文化与其他文化所积淀的各种区分模糊化了。首先它在一定程度上扰乱了文化正统性的理论。实际上不止有一种而是有多种文化的正统性:文学教授的文化并非必然是银行家的文化或者工程师的文化(同上书,第61页)。例如,调查显示,存在着大量"对或多或少正统的多种文化类型的个性化的合并"(同上书,第166页)。诚然,存在着趣味相同的个体们的种种"肖像":古典文学教学资格的获得者,喜欢看歌剧并激烈批评电视连续剧,只阅读《团体》(L'Equipe)杂志并仅看喜剧电影的工人等。但是,拉伊尔对趣味不同的各种肖像也感兴趣。他并且指出,高级知识分子的职业是占这类肖像最大比例的一些类型(86.5%,而技术工人的比例是45.5%)(同上书,第262页)。当今的文化人,较少意味着只涉猎伟大作者和伟大作品的人,而更多地意味着在不同文化世界间修修补补或者把它们相杂交的人,如经典文学作品的世界,但是也包括侦破小说或者连环画的世界,或者还有电视连续剧的世界。高级干部、过去的古典文学教授,在一次商务晚餐中朗诵《农事诗》(les Géorgiques)可能并不得体,假如他能用其对话者们的语言来表述并与他们一起谈论电影,那么,他将看到他的文化特长得到了承认(同上书,第568页)。

上层阶级所进行的这种文化修补并非全都具有相同的意义。某些人把文化的严肃性与身体健康的娱乐性相对立。这是维特根斯坦方式的文化修补。当严谨的哲学家结束了他的授课时,人们说,他迅速奔向任意一家电影院以观看任意电影并腾空大脑。这种坠落的或者放松的知识分子的态度是从某种把严肃与娱乐相对立的逻辑中取来的,而这种逻辑通过上述违规本身,强化了正统文化的价值。然而,还有 U. 埃柯(Umberto Eco)方式的文化修补:这是一种熟谙中世纪美学的专家知识分子的文化修补,他沉迷于民间文化并且写出了像《玫瑰小说》(Le nom de la rose)这样的形而上学式的侦破小说,同时又对超人的神话学很感兴趣。

等级、调式、图像

社会学调查要求我们重新提出文化合法性的问题,即学校文化与大众文化(或者还有学生文化)之间的各种关系的问题。我们可以探索直至现在支撑着伟大文化与大众文化各种关系的种种模式：等级模式、阶段模式或者并列的相对主义模式。为了避免它们把我们导入瓶颈，大概需要尝试其他一些图式，思考"调式"、"阶梯"和"图像"。

等级的图式

首先，并列的相对主义模式似乎是无法支持的。在拉伊尔看来，不可能说一切都有价值。当人们谈论后现代的相对主义时，他们其实想表达何种意义呢？诚然，这表示着"每人都有自己的趣味"，每人都有自己的价值观。这意味着我所选择的各种价值与你的价值同样合理。然而，一旦我自身固有的文化价值选定之后，我立即以高低、庸俗与精英观念来评判其他价值。因此，文化上的相对主义并不反馈到宽容，而是反馈到一切人与一切人互斗的某种象征性战争：如果古典音乐或者爵士乐的爱好者轻视吟快板（le Rap），吟快板的爱好者把技术型音乐（la Techno）的爱好者归结为音乐的零度形态（nullité，2004，p. 672）。换言之，后现代的相对主义不表示某种平面的横向性，在那里一切都相等。诚然，每个人都有自己的趣味，但是正是这种个人趣味界定着我们自身的文化阶梯。因此，相对主义并不消除文化的等级，而是扩展了阶梯的数量。另外，拉伊尔说，文化的正统性固然也是多种多样的，但是它们并不消除支配现象。有一些正统性客观上比其他正统性更具有合法性，因为它们与种种权力现象（政治权力、经济权力、象征权力）相关联。那么，高喊"每人都有自己的价值"其实是一种欺骗，这种欺骗私下里同时承认，归根结底存在着更高价值与其他价值的区分，而用每个人的天分与其他人也不相同来张扬价值！相对主义经常掩饰种种支配现象，它们因为被否认而运转得更好。

那么上述原因就能够因此把我们带到文化等级的传统模式吗？我们从帕斯卡尔（Pascal）的《思想集》（les *Pensées*）里找到了它的理论。事实上有三种等级的真实：肢体、精神和仁善。帕斯卡尔建立了某种"大小"或价值理论。这已经是"大小"的一种经纬。例如，有"肉体方面的"价值、权力、军功荣誉，有精神方面的价值（学者的价值），最后还有神圣方面的价值（仁善）。真实是不连贯的："从所有肢体构成的整体里面，人们都无法引出一种微小的思想。这是不可能的，因为它是另一种等级。从所有的肢体和精神中，人们都无法引导出某种真正的仁善运动，这是不可能的，因为后者属于超自然的等级"（Pascal，1963，

Pensée，p. 308）。这就界定了某种严格的等级制：学者们只操作肢体的价值，而圣人们只操作精神的价值："从肢体到精神之间的无限距离，显示着精神与仁善之间的无限距离，因为这种距离是超自然的。"简言之，这里有王子、阿基米德与耶稣的区别。在帕斯卡尔那里，等级理论参照着某种双重的数学模式。首先是《论数量的级数和》（*Traité de la Sommation des puissances numériques*，Pascal，1963）的无限等级模式。当我们为一定等级增加下一等级的许多量时，也无法提高这个等级：正如圆点丝毫不能为直线增加什么东西，直线不能为面积增加任何东西，面积也不能为体积增加任何东西一样。因此，我们应该忽视下一等级的数量。第二个数学模式是：《圆锥曲线论》（*Traité des sections coniques*，Pascal，1963）的模式。在德扎尔格（Desargues）的投射几何学里，椭圆形、抛物线、双曲线都被视为圆形的图像。让我们从这个模式中吸取下述教益吧：任何等级都是另一等级的形象或图像。但是，总是上一等级界定终极真实：肢体价值是知识价值的形象，而知识价值则是仁善价值的形象，后者是最高价值。阿基米德可谓数学家的上帝，如果需要指出属于恺撒（César）的东西，那么，临时性的权力也是上帝权力的某种遥远图像。于是我们在这个第二模式中得到了某种新的特征：等级之间具有不可通约性，我们在它之上增加了图像与现实的关系。

让我们把文化领域的等级理论翻译如下：（a）《阿斯泰利克斯》相对于《伊菲热尼》不啻于零；吟快板相对于莫扎特亦等于零；（b）从前者到后者的过渡只能通过跳跃，通过某种断裂；（c）阿斯泰利克斯在其等级中所拥有的很少的真实性，就是伊菲热尼无限远的形象（或者《高卢战争》/*La guerre des Gaules* 的无限远的形象）；（d）从《阿斯泰利克斯》到《伊菲热尼》是前进（或者用帕斯卡尔的语言说，是一种文化的皈依），但是从《伊菲热尼》到《阿斯泰利克斯》，是从等级阶梯的下降，是娱乐。等级理论隐性地支撑着贵族式的精英主义：那么秩序就意味着等级。甚至在某种程度上，它也支撑着共和式的精英主义。另外，我们很容易就能够展示，它是如何进入现代性的，现代性以某种进化的方式重新思考它，在不同的史学理论里把它思考为阶段论，然后再走向皮亚杰的（心理学的）阶段论。在这些改造中发生变化的，是学者们发明了从一个阶段到另一阶段的连续性：有一些中间阶段。然而这些改造永远都是呈现不同层面的进步关系或倒退关系的某种等级观念。

调　式

如何维持某种等级论亦即反相对主义的原则同时又避免贵族式的或共和式的精英主义的善恶二元论呢？我们首先来作若干说明。

在等级理论的文化使用中，永远存在着某种体裁的问题。当雅克丽娜·德·罗米利在一本小学教材中看到《阿斯泰利克斯》与《萌芽》并列时感到甚为吃惊，这说明她把连环画看作一种小体裁，或者她没有把《阿斯泰利克斯》视为连环画体裁里的成功之作吗？呜呼，体裁问题混淆了文化的等级问题：在这个或那个时代，永远都有一些体裁被视为小体裁（如古典时代以前的歌剧、20世纪初期的电影和连环画），然而永远也存在着这样的时刻，某种小体裁努力争取人们的承认。使某种等级理论相对化的第二个因素是：有可能出现这样的情况，即一个小体裁的种种成功与一种大体裁的作品相媲美。例如布拉桑（Brassens）的这些或那些歌曲相对于维庸（Villon）的诗，就是这种情况。也许在吟快板的某种渗透中，有着波德莱尔（Baudelaire）和兰波（Rimbaud）的影子？第三点说明：某种教育哲学不能不提出作品之间的等级思想。诚然，如同精英主义所支持的那样，人们只能在与比自己更伟大者的接触中才能成长。诚然，先贤祠是变动的，而每个时代都不断地调整自己的"经典"作品，不仅根据永存的因素来考量，然而也从此时此地产生意义的角度来考量。因此应该承认经典中的随意成分，并完全坦承它们的种族中心主义性质和历史定位的因素。如果要提出某种普世性，那么大概就应该是等级化现象和文化价值的普世性。任何情况下，某些作品被承认为经典即更应该向其他人传递的作品这一事实，似乎与学校的思想拥有共同的外延。正如让—克洛德·福尔甘（Jean-Claude Forquin，1991）所强调的那样，肯定无疑的是，没有种种价值的某种坚实感，没有对某种东西值得传授的信念，那么就没有可以立足的教育。最后，作品的视野不应该使人们忘记，谈到文化时，人们永远与种种实践相关联：阅读实践、音乐演出实践、评论实践，甚至创作实践，等等。因此，不应该把各种作品物化，它们更应该理解为潜在价值，只有实践才能使它们现在化。不管莫扎特的作品多么伟大，它也只能在某种音乐的实践整体中生存，这些音乐实践使各种乐谱保持活力，而没有它们，莫扎特的作品将是死的符号。

我们大概应该从社会语言学方面，带着语言调式的思想，去寻找思考文化、尤其是思考学生文化与学校文化之关系的新模式。语言调式的观念（熟悉语言、常用语言、高雅语言）建立了等级标准与语境标准之间的某种复杂关系。在语言调式里，存在着某种属于语言固有的等级，因为从高雅调式到熟悉调式，人们确实可以发现各种语义规则和语法规则解释的愈来愈松懈的现象。弄清这种严格的语言等级是否反映为各种实用的和认识论的等级不是一个容易决断的问题。诚然，人们趋向于相信，拥有某种高雅语言调式的人，原则上也可以实践其他调式（除非某些需要具体分析的极端情况），相反的现象大概不会是真实的。在认识层面，使用某种松散的甚至熟悉的语言调式来从事哲学研究肯定是很困难的，即使各种语言实践包括教育活动在内都迫使我们这样做。只需聆听德勒兹关于斯皮诺莎（Spinoza）或者关于莱布尼茨（Leibniz）的课程就会深信这一点。让人们容易理解的条件，经常要求使用大家耳熟能详的调式，加上它语义方面的近似义和句法方面的种种犹豫。斯皮诺莎本体论的细腻性或者先验哲学的细腻性似乎更难反映出来：那里需要很多的时态、重复、变化、隐喻……因此，在德勒兹的口语风格（经常是松散的）与他的书写风格（非常严谨）之间，存在着巨大的差异。因此，如果说在调式思想里存在着某种等级，这是一种模糊的等级（原则上在大部分情况里如此）。如果我们想把调式的差异僵硬化，那么就会重新堕入某种等级理论，例如堕入社会语言学及其建构性编码或约束性编码那种等级之中。然而问题恰恰是，若干不同编码的存在是可疑的，更多的应该是社会语言学实践的某种多元性。因此，各种语言调式不是阶级之间的藩篱（Stubbs，1983）。

调式思想还蕴含着对语境的考虑。例如对其学生讲话的德勒兹与面对其同仁的德勒兹处于不同的语境。这意味着永远按照最高调式运行的思想是不贴切的。而是需要适应语境。这就是语用学的实践和语用学的含义所在：在街头询问时间，在某大使馆发表接待演说，书写一篇哲学文章，向他的学生们讲课，这些都引入不同的语言实践。语言调式的思想最终带给我们三种特征：（a）各种现实之间存在着种种灵活的和模糊的等级，这些现实并非不能共处，它们更多地属于程度的而非本质的差异；（b）从一种调式向另一调式的过渡是可能的；（c）对语境的考虑，后者使种种适应行为成为必要。

对语言各种调式的参考只是一种隐喻，它似乎要求细腻化。在何种意义上人们可以谈论文化调式呢？贝尔纳·拉伊尔（2004，p.653）提到了居伊·斯卡尔佩塔（Guy Scarpetta，1985）的美学理论。斯卡尔佩塔保留了文化生产的某种等级观念。这里有两种标准：各种作品的建树程度（莫扎特的某首协奏曲要比一首歌曲更有建树性）和价值的等级（莫扎特显然比吟快板更"崇高"）。这就是乔治·斯奈德斯（1986，2002）已经为音乐所制定的标准。因此，斯卡尔佩塔批评涂抹艺术比绘画的真谛更高雅或者试图取消莫扎特与摇滚乐或吟快板之间距离的思想是蛊惑人心。他保留了康德关于美与愉悦之间的差异。如果他个人更喜欢菲尔南德尔（Fernandel），超过了对玛格丽特·杜拉斯（Marguerite Duras）的喜爱，但是他不会把自己对费尔南德尔的兴趣强加给所有人，而会竭诚努力让人们认识和喜爱杜拉斯（Lahire，2004，p. 655）。斯卡尔佩塔在保留大体裁与小体裁等级的同时，却为某种文化杂交而辩护，这种文化杂交现象在他那里有三种形式：（a）大文化的各种艺术的杂交，例如昆德拉（Kundera）的方式，他把各种音乐形式融汇到自己的小说中；（b）把各种民间形式嬗变为伟大文化的各种形式（把非正统形式正统化）：例如拉伯雷（Rabelais）就把民间的狂欢风格崇高化，或者贝多芬（Beethoven）的《牧羊协奏曲》（la *Symphonie pastorale*）就借用了民间的种种乐曲；（c）在个人阶梯上，不断地从正统过渡到非正统，从高雅学术过渡到大众化。在这些混杂中，既应该避免"小体裁的蛊惑人心的拔高"，也应该避免"大体裁的渺小化"。简言之，一切都在创作（组合）之内。例如，在某种宏大蒙太奇中，使用微小素材。居伊·斯卡尔佩塔确实突出了调式思想："换言之，我们的日常文化从本质上是异质多元的：宏大与渺小混杂在一起，短路在一起，纠缠在一起，互相磨合，几乎难以理清。或者可以说，宏大与渺小不是从社会层面严格对立的两种文化，而是被某种不可超越的界限相分离，在我们每时每刻的文化生活中，它们却是两种调式（着重号为我们所加），不停地同时出现，带着这种共现的所有可能的方式，从对立到连续性的所有可能的方式。"（Lahire，*ibid.*，p. 652）

阶梯与图像

调式的隐喻仍然足以思考从一种程度过渡到另一种程度吗？人们完全可以设计句法变化和语义变化的规则并把它们格式化，允许从一种调式到另一调式的双向流动，然而，如何把这些格式转移到文化领域呢？任何教育学的原则都坚持小体裁与大体裁之间的过渡和循环的可能性，这种过渡以柏拉图《飨宴》（*Banquet*）中的阶梯为象征。阶梯上的各种"阶程"既构成了它们之间的区分，也构成了坚实的脚踏板。对美丽肢体的爱还不是对美好灵魂的爱，而美好灵魂还不是美本身。但是，每种所达到的阶程都准备着下一步的攀登，因为它预示着后者。如果需要保留帕斯卡尔范式的某种东西，那就是投射几何学的范式：在那里，每种曲线（椭圆形、抛物线、双曲线）以或近或远的方式"塑造"着作为参照系的圆形的形象。尽管还需要缩小它们之间的不连贯性并把图像思考为某种共同的曲线家族的成员。这大概是安排过渡的第一种方式：每种调式或每种阶程都处于同一阶梯上，它们拥有某种共同的东西（这里指的是同一语言，或者还有相同的几何图形，同样的美……）；因而它们之间拥有某种形象关系。

　　因此，有教养并不是在单一调式上运作（哪怕是最高雅的调式），而是生产种种关联，建构种种关系，安排不同调式之间的过渡。有教养，即能够从一种调式过渡到另一调式，从一种体裁过渡到另一体裁，从一部作品过渡到其他作品，并编织种种对应现象。从荷马（Homère）的《奥德塞》（*L' Odyssée*）或者骑士小说到儒勒·凡尔纳的《奇异的旅行》（*Voyages extraordinaires*）以及从后者到《印第安那·琼斯》（*Indiana Jones*）系列，永远存在着同样的探险结构。那些对应可以是象征性的或结构性的，无关紧要，只要我们拥有各种方向的运动，上升或下降的运动，它们是各种形象关系所允许的运动方向。这样，我们就可以像精神分析学家所做的那样，从哈姆雷特的视角观照俄狄浦斯（Jones, 1967），或者还可以从米歇尔·斯特罗高夫的视角观照俄狄浦斯（Serres, 1974）。在米歇尔·塞尔看来（1972），艾尔热（Hergé）的《卡斯塔菲奥尔的首饰》（*Les bijoux de la Castafiore*）构成演示交际的某种真正的论著。安贝尔多·埃柯在吉约姆·德·奥卡姆（Guillaume d' Occam）形而上学的细腻与柯南·道尔（Conan Doyle）的侦破小说（被视为小体裁）之间，通过《玫瑰的名字》（1982）里吉约姆·德·巴斯克维尔的形象的巧妙处理，编织了千丝万缕的联系。显然不仅是为了某种炫耀博学的游戏，这些关联和对应应该产生意义。从这种视点出发，由德勒兹所启示、并在第一章中得到检视的意义的三角形，提供了某种知性的模式。这样，各种系列就是按照意指的秩序（结构的类似和象征的类似）而分配的，然而也按照参照系的秩序（它们显示着同一真实）而分配的，它们通过进入自身的历史而对主体谈话（表现）。例如，吉约姆·德·奥卡姆和柯南·道尔两个人都调动了某种符号观念和某种调查思想（意指）。他们在符号的阐释中呼唤各种科学实践（参照系）。他们向一个既迷恋形而上学又迷恋侦破小说的读者讲话（表现）。

在语言的各种调式中，在帕斯卡尔的投射几何学中，或者在柏拉图的阶梯中，人们永远设置某种参照点（高雅调式、圆形、美自身），这种参照点大部分是随意的，但是，从它开始，人们就可以评估其他项目。涉及文化时，言说代表作，等于指出这些大概带有历史偶然性标记的参照系。这些参照标志界定着有教养人士所确定的趣味规则，那些穿行于不同调式、不同体裁的饱学之士可以比较作品。为了界定这些参照点的特征，帕斯卡尔谈论某种"启示性"思想。启示思想具有最高的意义，具有把最小意义变为知性意义的奥秘解说意义：例如，西方文化从《奥德塞》或者《格雷尔的探险》（la *Quête du Graal*）中看到了探险的原型。可以说，《奥德塞》照亮了儒勒·凡尔纳的小说或者《印第安那·琼斯》系列，而非相反。《罗密欧与朱丽叶》构成照亮西部故事的思想。让我们把上述思想用某种问题学的语言表述如下：有一些确立于我们面前的图示（因为它们界定着人类的各种根本问题，还因为它们赋予这些问题性最丰富最纯洁的形式），在这些图示的基础上，文化将发展出各种变异版本，当然不排除种种新形式或新象征的破土而出。

思考教育学

因此我们可以赞同施坦纳的意见，承认文化中存在着本义和衍生义。"经典"的规范概念正如伽达默尔强调的那样，就指示着下述这种奇怪的情景，即我们似乎在选择最终强加于我们的东西，因为它抵制任何批评并不停地构成我们的历史视阈（Gadamer，1976，p. 127）。经典的这种第一词义既属于选择性文化，也属于被选择文化，而履历的确定以某种生动的传统为根基。用黑格尔的话说，对于一定传统而言，自身拥有自己固有意指的，自己固有阐释的东西即是经典的。然而，规范性向历史性的语义滑动使得"经典"一词此后也指示作品向着过去的渐行渐远。自此，构成作品呼唤力量的东西，应该通过或大或小的接受和理解努力而重新获得。

教育学恰恰就进入经典的这两种词义的中间。相对主义宣称，每个人都掌握着自己的指南和属于自己的图示。对它而言，经典概念没有什么意义。反之，我们所研究过的精英主义的所有版本的共同点是，视伟大文化的传递理应彻底否定学生们沐浴其中的、早期的虚假文化和直面的文化。这种否定不应该采用某种工作、某种建树或重新建树的形式，而更应该采用某种纯粹的和简单无视的形式。传递应该提供外部的图示和指南，而不应该依赖已经存在的东西并以它作为教育学行动的起点。精英主义否定教育学为媒介艺术，更主张教育学是对奥秘意义的启示。但是，假如学生们从他们的直面文化中找不到某种接受结构，精英主义何以能够向他们传播他们完全陌生的某种经典文化呢？假如他们不掌握某种即使很简陋的指南甚至图示呢？图示概念、启示思想概念提供了学生文化与经典文化之间另一种关系的原则：这是一种既非否定亦非无动于衷的关系，而恰恰是某种媒介关系。如果说《奥德赛》是帮助我们深刻理解儒勒·凡尔纳的小说或《印第安那·琼斯》系列的启示性思想，那么，不应该从后边这些小说出发，以期重新找到已经远离我们的荷马文本的力量吗？

这样一种过渡何以是可以想象的呢？媒介可以拥有多种形式。施奈德斯（1986，2002）以音乐为榜样，提出一种辩证性的媒介方式，他认为音乐教育堪为其他教育的榜样。事实上，音乐构成了某种紧凑的社会学和经济学现实，以及年轻人的某种认同支撑。它构成了某种很难回避的直面文化。那么学校的问题，就是要从吟快板调式过渡到莫扎特、贝多芬或者布莱（Boulez）的调式。这是直接受巴什拉尔和葛兰西（Gramsci）影响的关注连续性/断裂的教育学，它也是更间接地受柏拉图《飨宴》影响的某种教育学，这种教育学可以用三种原则去界定：（1）首先坚持某种等级标准：莫扎特的一首协奏曲肯定比吟快板的某首乐曲经过了更精心的建构，它也承载着更高的价值；另外，吟快板里并非所有的东西都没有价值；（2）其次是小体裁的某种价值化：摇滚乐或吟快板属于完全独立的文化形式；（3）最后是某种辩证原则：摇滚乐或吟快板呼唤对它们自身的超越。在这种教育学里，老师的作用是双重的。他的文化首先应该允许学生们更好地理解并更好判断他们自己的文化，并意识到，吟快板或摇滚乐里并非所有的东西都没有价值。同时，它应该引导学生超越他们文化的早期形式，超越他们自发接触的这些仅有的形式，而走向第二阶段的更有建树、功力的各种形式，没有学校，他们可能永远没有发现这些形式的机遇。这些建树性的形式和这些早期形式确实都位于某种阶梯上，最高的形式照亮其他形式。这里确实有一种调式与另一调式之间的断裂，这就要求掌握不同的音乐学编码和语汇。

同时，我们这里谈论的还是音乐，那些小作品或大作品并非没有共同的衡量尺度：因此它们之间可以拥有某种审美的连续性，因而，也拥有阶梯上从一个等级到另一等级的某种兴趣的连续性。

这种辩证性的超越方式大概只是设想学生文化与学校基本承载的高雅文化之间的纽带的许多方式之一种。我们可以从布律诺·杜博尔热尔（Duborgel）那里找到其他不同的形式，他是巴什拉尔的另一个弟子。杜博尔热尔从学生们的雕塑实践出发，试图把它们与真正的艺术作品相比对，产生出一张对应网。这里既不是激发儿童作品与艺术作品的种种蛊惑人心的大杂烩，亦非挖掘孩子们的草稿与真正的绘画作品之间的距离。它更多的是围绕孩子建构某种想象博物馆，后者既可以设想为邀请孩子们从他们的绘画草图的潜在性出发自我完善，也可以设想为由艺术史开放的种种可能性（Duborgel，1989）。

结　论

我们罗列了许多隐喻和图式，它们可以使我们把"伟大文化"与民间文化沟通起来，并在它们之间旅行。这些隐喻的意义仅在于使我们脱离我们的精英主义意图，而又不致因此坠入相对主义。但愿德·罗米利夫人不再因为看到《阿斯泰利克斯》游荡于《伊菲热尼》与《萌芽》之间而惊愕。《阿斯泰利克斯》并不引发到《伊菲热尼》，但是也许可以让我们接触恺撒的《美丽的高卢》（De bello gallico），这对于开始学习古代社会并不是一件坏事。富有教养恰恰指的就是这种情况，可以在乌德尔佐—戈西尼（Uderzo – Goscini）与恺撒之间自由往来而没有蛊惑人心和混淆之嫌。

精英主义永远处于把某种种族中心主义理性化的起点上：把它的文化变成文化本身。然而，如果富有教养即能够在作品之间循环往复并在它们之间编织各种关联，那么，我们就会理解，普世性恰恰不可能先验性地提出。它更多的是通过各种文化之间的某种对话、通过一种体裁与另一体裁的对话、一种文化场与其他文化场的对话而建构起来的，也是通过编织大文化与小文化之间的种种纽带而建构起来的。这里，我们再次发现了文化的某种连载思想，某种多层次图示和不同价值的多重性思想。不断接受学养，即增加并密集它的对应性网络，这些图式之间的对应性网络，根据意义的下述三个纬度：根据我们的情况或者我们试图变成的形态（表现）。

把不同的文化图示（意指）相互之间关联起来，这些图示谈论的是同一个世界（参照系），但是，在直接性中不可能拥有文化，不努力把自发赋予我们、而我们沐浴其中的东西问题化，就不可能拥有文化。先于或者晚于恺撒的《美丽的高卢》而阅读《阿斯泰利克斯》，这大概是一种极为不同的经验。

第 九 章

问题化与解放

　　自从苏格拉底和柏拉图开始，教育的问题性始终与解放思想相关联。显然，反对舆论和偏见的斗争构成了解放的认识论维度。我们在论述加斯东·巴什拉尔之培养哲学的其他著作中，接触到了这种维度（Fabre, 1995，2001）。现在，我们希望关注《何谓启蒙?》一书中的康德时刻，并从伦理学和政治学的视角探讨解放问题。首先分析康德启示在当代的若干变化，例如我们在米歇尔·福柯、阿克塞尔·霍嫩斯（Axel Honneth）或者雅克·朗西埃（Jacques Rancière）那里所发现的康德启示。然后尝试着在问题学的范围内重新阐释这些澄清。

　　因此问题在于弄清楚，如何在被考虑为某种连续性程序即生活本身的教育中，思考解放的某种问题学。在这种举措中，我们将遵循修辞学的指导线索。正如康德所喻示的那样，监护显然与某种厚黑修辞学是分不开的，后者旨在把被监护者维持在其弱小状态中。反过来，这就开启了某种空白修辞学的可能性问题，后者得以在有关其权威性的基础（性情）、支撑它所建议之各种解决方案的种种论据（他的逻各斯）方面呼唤监护者，并与其言语所激发的悲哀激情（他的情感）作斗争。

康德的时刻:勇敢的品性

　　那么什么是解放呢? 应该重新回到《何谓启蒙?》这本小册子（2006）上来。康德在书中把启蒙定义为某种解放运动，即变得强大，亦即敢于自我思考，敢于自我承担。

强大与弱小

在康德看来，强大大概既不是指进入成人年龄，也不是指进入承担司法责任或公民责任的事实。它既不是自然赋予的，也不是法律赋予的。况且，它也不是某种知性事务，而是意志问题。勇敢的品性意味着自己置疑、自我检视的可能性。康德提供了弱小的三个例证：只相信书本，让书本代替自我思考，只相信自己的精神导师，他告诉我我应该如何做，只相信医生，他向我口述我的健康的生活方式。康德并不是说读书是无用的，或者向牧师和医生咨询永远都不是一件好事情。他仅抨击某种参照上述三点的方式，这种方式等同于放弃自我的责任以及放弃思考的任务。

康德设想的人的知性都是平等的，并从伦理和政治层面提出了解放问题。如何解释心甘情愿地奴役现象呢？它既不是监护者（即支配者）的事情，也不是被支配者的事情。它源自支配者之邪恶与"被监护者"之懦弱之间的互动。监护者让"被监护者"相信，他最好处于弱小地位；还让他相信，他不可能达到自我思考、自我承担的程度；简言之，自由充满着风险。而另一方面，"被监护者"认为被他人所承担更符合自己的利益，因为他害怕自由。在这种机制内，所有的对立者都处于弱势状态。监护者处于弱势状态，因为他屈服于其等级的各种偏见，"被监护者"也处于弱势状态，因为他完全依赖监护者，让后者代替自己思考。康德问道，如何打破这种恶性循环呢？一个个人自身很难获得解放，而公众本身互相启发则是可能的。尤其因为有许多监护者在读书。这样，在中产阶级、僧侣阶级或贵族中，康德把他们称作"人民委任的这些监护者"中间，就存在着一些从本阶级偏见中解放出来的个性。须知，解放是具有感染力的：被解放者也想解放他人。

理性的公共使用和私人使用

在哪些条件下解放才是可能的呢？条件是让启蒙思想广泛传播。这就产生了理性的"私人使用"和它的"公共使用"之间的区别，前者意在保持社会秩序，而后者则要求完全的言论自由，尤其是出版自由。理性的私人使用和公共使用的区别反馈到问题与解决方案之间的区别。作为一个整体的成员，公民应该交纳税收，战士应该履行上司的命令，牧师应该告知其教区的真实情况。因而他们应该不假思索地采纳人们向他们建议的或者更多强加于他们的解决办法。福柯（1999，p. 565）指出，在康德的语汇中，"思维"（rsonnieren）反馈到某种没有其他目的、仅考虑理性自身的理论使用形态。这也是我们在三大批判中再次发现的关键词。诚然，理性的私人使用并不排除个人的智慧。但这是一种属于解决方案的智慧。例如，牧师应该向他的教徒们做出很好的宣誓，但是教规不允许他使用自己的批评精神。因此，他的理性并不完全属于他自己。它受某种权威性的论据的限制，正如我们上文所看到的那样，后者的表达应该受到其问题域的某种限制。权威性说："别想这么做！"康德把这种现象谓之服从。服从并不一定是对某种决定的机械性执行，但是它仅介入某种受限制的理性。在战场上提出为什么要进攻的问题，有可能被押送军事法庭。让交纳赋税服从于对它们之使用的各种回答有可能导致税务官的反驳。在教会的讲坛上质询这条或那条信仰的条文，将引发教会舆论的哗然。

反之，理性的公共使用则撤除了这种限制。康德赋予启蒙精神的座右铭"敢于思考"其实意味着，根据当时确立于思考者的理性要求建构问题的自由，而无视传统的权威或者权力的权威性，根据共同意识的格言建构问题的自由：置身于任何他者的位置，不违背自己的良心，始终不渝。因此，理性的公共使用蕴含着决定应该以问题面貌出现的事物的自由以及在何种范围内（神学范围、哲学范围、政治范围等）确定该问题的自由。它还蕴含着在它们自身的领域里建构这些问题的承诺。作为面向阅读公众的学者，公民（在交纳赋税之后）可以讨论税收体系的不公正性；战士（在战役结束后）可以批评指挥官所选择的战略（像戴高乐在《战剑所指》/Le fil de l'épée 中所做的那样）。在一本神学杂志上，牧师可以提出自己对其教义的怀疑。理性的公共使用具化为打开各种黑匣子，亦即接触问题和对各种问题的掌控。

因此可以说，康德的折中建立了服从权力所颁布之各种解决方案与在公共空间建构各种问题之自由间的分野。这种折中也是弗雷德里克大帝（受神庇佑的暴君）的折中："你们可以任意思考，但是绝对服从！"对于康德而言，显而易见，这是一种历史性的妥协，因为如果我们摧毁了理性这两种使用的区分，就可能导致社会秩序的分裂，这将不可避免地导致这种混乱时期反动者棍棒的死灰复燃，那时，专制性的政治将强势地重新出现在舞台上，而狂飙运动的浪漫主义似乎将为各种传统主义恢复名誉。因此，康德小心翼翼地庆祝改革而反对革命（我们处于1784

年!)。他把改革看作是比解放更彻底的活动,理由是,前者意在废除监护的根蘖,而后者只是颠倒了监护的关系。被监护者顺应时世而变成了监护者,人们肯定不会采用同样的监护者,但是一切都重新开始:双方都处于弱势状态。

显然,理性的两种使用的区分与改革和革命的区分一样,都可能是权宜之计。康德完全可以假装相信,服从与自由的分野将呈现为历史的持久性。然而,启蒙运动的进步本身难道恰恰没有必然性地质疑这种分野吗?事实上,受神庇佑的暴政被历史运动席卷而去,即使所有欧洲国家并非步调一致。另外,康德承认法国大革命的重要性,它甚至是理性两种使用之间这种干扰性的范例本身。在《力量的冲突》(le *Conflit des facultés*) 一书中,当他寻求人类进步的毋庸置疑的某种符号时,他把 1789 年看作这种符号,并非把事件的物质性,而是把这场运动被思想界的精英按照"近乎激情的某种渴望的善意"所庆贺的事实(Foucault, 1999, p. 683)。正是人民渴望政治解放的这种态度,在康德看来,是我们可以满怀希望的进步的标志。

当代的种种变异

康德的这部文本是有关解放的当代诸多问题性的矩阵,在许多诸如米歇尔·福柯、雅克·朗西埃或阿克塞尔·霍嫩斯等色彩各异的思想家们那里皆如此。显然,这些新的问题性将很快搅混理性两种使用的区分。在当今的民主社会里,解放的进程实际上是由社会和政治力量承载的,它们决不放弃对公共秩序的指责,在某些情况下,甚至宣扬不服从公民管制的意见,例如就像我们在阿尔及利亚战争或越南战争中看到的那样。同时,这种进程确实是改革的程序而非革命的程序。即使这种进程的社会政治语境大异于 18 世纪普鲁士的社会政治语境,它仍然保留着康德的种种回声。另外,康德所谈论的激情明显指涉法国大革命这样的政治事件,这种激情现在似乎有所转移,至少在西方世界如此,转移到了潜在着解放因素的社会运动中:女性的解放,儿童的解放,同性恋的承认,为了囚犯尊严的斗争,等等。因此,米歇尔·福柯所钟爱的"批判我们自身的本体论"和阿克塞尔·霍嫩斯继承法兰克福学派传统所开发的对各种"社会病理学"的批判所投资的,正是社会性范围和习俗的范围。

　　这两种思想发展的方向使康德对理性两种使用分野的界定陷入尴尬状态，广而言之，使他的批判观陷入尴尬状态。然而，一旦解放思想扩展后，康德关于接触强势状态的问题就一再顽强地重新回到人们的视阈。对潜在着解放因素的社会运动的分析，不管是福柯的分析还是霍嫩斯的分析，都提出了解放的机制问题以及它们相对于追求解放之主体的内部性或外部性问题。谁解放谁？更为彻底的是，例如雅克·朗西埃的问题就是弄清楚解放是否可以获得某种外部的支持，或者它的全部是否都由主体自己承担。

福柯或批判我们自身的本体论

　　福柯从《何谓启蒙？》一书中看到了某种纯粹差异性的现在观念。那里的现在没有相对于它可以延伸或拒斥的某种过去而思考，也没有相对于它可以预告的某种未来而思考，而是被视为纯粹的成长过程。这说明，康德是以纯粹否定方式来界定启蒙精神的，把启蒙精神界定为"走出"弱势状态。对他而言，事实上，现代性较少指示某种历史时期，而更多地指示某种性情，即完全波德莱尔式的对"过渡性、悄然性、随意性"的关注。由此产生了某种"我们自身的历史本体论"、对我们的历史条件之种种局限性的某种挖掘的任务（Foucault，1999，p.574）。这样，福柯一方面完全载入康德有关解放的问题性中，一方面颠倒了它的意义。其实质不在于弄清理性应该放弃跨越哪些局限，而是恰恰相反，我们可以违反哪些限制而不造成损害。换言之，问题在于"在作为普世性、必然性、义务性而赋予我们的东西中，承认什么是独特性、偶然性和受历史制约之成分的份额"（同上书，第574页）。批评的任务（不再是先验性批评，而是历史性批评，或者目标性方面的谱系性批评和方法论方面的考古性批评），重新回到支撑"自由的不确定性工作"。"批评我们自身的本体论"所固有的哲学性情，因而就蕴含着我们能够跨越的种种界线的某种历史的和实践的检验，亦即"我们作为自由人有关我们自身的某项工作"。这里根本的是指对知识、权力、欲望、物质之界定形式、行动规则、与自我的关系方式等种种实践的某种批评。批评我们自身的本体论不是一种理论学说，而是一种态度，一种"哲学生活"，在那里，对我们之本质的批评，既要求对我们所遭受种种限制的历史分析，又要求对可能超越它们进行检验（同上书，第577页）。从此，在康德那里构成必不可少之条件整体的东西，其定位受到了质疑：我们所面对的是普世性、必然性抑或仅仅是一些历史的偏见？限制现在变成（至少临时性地）抵制我们的历史条件之问题化的问题外话题。

我们可以看出，我们自身的历史本体论所有受益于杜威社会调查思想的东西，正如德勒达尔（Deledalle, 1983）深刻指出的那样。其实，在杜威看来，社会调查不是对社会真实的无关利害的描述，而是旨在解决问题性社会情境的努力。它与实践的关联是内在性的。它应该从真实的问题性情境出发，就像医学调查那样。让·皮埃尔·柯迈蒂（Jean - Pierre Cometti, 2010）强调了实用主义与种族中心主义倾向拉开距离的努力，种族中心主义试图把我们的偏见变成某种必然性。他同时提出，与实证主义的社会学相反，杜威并不分离思想的价值与社会改造的权利。这样柯迈蒂就可以拉近杜威与法兰克福学派的关系。事实上，我们尤其在霍嫩斯那里，发现了对杜威和 G. H. 米德（G. H. Mead）的实用主义的频繁参照。

阿克塞尔·霍嫩斯：解放与社会的病理学

《批判理论》的理想其实关涉着可以在实践中认证的潜在的种种解放因素。法兰克福学派试图建构规范性的原则，行为者可以参照这些原则，用于能够支持社会运动的解放性实践中（Honneth, 2006）。然而，霍嫩斯正确地让我们发现，社会运动本身应该根据某种规范性思想来评估：它们并非都是进步运动，远非如此。这里有一种批评的怪圈，"批评我们自身的本体论"难以超脱这种怪圈。

在与奥利维耶·瓦罗尔的访谈中，霍嫩斯与最早的批判理论拉开了距离（2006），他指责这种理论有社会学和规范性的某种亏欠。事实上，不管是阿多诺还是霍克海默（Horkheimer）都未能充分关注社会性，也未能发布可以奠定批判的规范性。哈贝马斯（Habermas）实现了某种双重变化：关注社会性并进行了交际性转折。交际性转折的贡献在于使批判理论走出了仅关注生产关系的稍嫌狭隘的分析，并向它提供了毫无羁绊的某种交际的实用性规范。反之，对交际性和语言的关注导致了社会性的某种局部观念，该观念无视前语言的状况，由此产生了冲突理论的缺失现象。霍嫩斯在聚焦承认思想的同时，试图位于交际和谐的此岸，并指出每个人都可以"面对公众而无羞愧之心"，后者借用了亚当·施密特（Adam Smith）的术语。哈贝马斯聚焦于语言的事实其实向他遮蔽了介入肢体的其他表达形式。这样，承认其实具有某种物质性，后者体现在诸如微笑或问候这样惯常的现象当中。另外，承认思想把冲突形式也整合在内，后者位于语言互动现象的此岸或者之外。

在霍嫩斯那里（2002），解放确实蕴含着为了承认而进行的某种斗争。这种思想来自青年黑格尔在耶拿时期的文字以及 G. H. 米德的实用主义思想。霍嫩斯区分了承认的三种范畴：爱、尊敬、好评。正如黑格尔所洞见的那样，爱构成任何伦理生命的结构性核心。在家庭范围内，爱是相互承认的一种进程。孩子与母亲一样，例如都应该接受脱离某种融合关系而进入逐渐的个性化。同时，这种进程应该在肯定性中发展，即肯定上述相互独立丝毫不损害亲缘情感。在司法范围内，承认要求某种被普遍化的他者思想，通过这种思想，我们赋予其他人与我们同样的权利。这里我们其实进入了公民权、政治权、社会权的普世性范畴。至于好评，它是在一个特定的共同体（政治共同体、专业共同体、文化共同体等）内，并根据一定的参照体系，承认个性的而非普遍的品质。霍嫩斯引入了团结互助的思想以便突出下述现象：当每个人可以感知到自己的存在并把任何其他人都感知为共同体的珍贵成分时，所发生的相互好评现象。

爱滋生了对自我的信任，司法承认促生了自尊，社会的承认促生对自我的好评。这样，霍嫩斯就在承认程序中，按照它们所介入的三个领域，看到了实现自我的具体的伦理性条件。他试图这样来使承认思想摆脱黑格尔在《精神现象学》（la *Phénoménologie de l'esprit*）里和马克思在《1844年手稿》（les *Manuscrits de* 1844）中赋予它的种种限制，他们两人是在某种异化理论的范围内阐释承认思想的。霍嫩斯试图用承认理论昭示社会冲突的道德核心，即种种解放兴趣的功利主义构成所遮蔽的道德核心本身。

这样，霍嫩斯就在对社会性之病理学的道德评判中重新找到了卢梭的关注重心，社会性的病理学在这里应该理解为所有阻碍一个生命获得成功的因素。卢梭从斯多葛主义的视角批判了堕落的社会，他从斯多葛主义出发设置了自然人的观念，即一个完全属于自我的人，而社会的人则永远脱出了自我的本来面貌而生活在其他人的舆论之中。我们自卢梭之后在黑格尔和马克思（异化或物化概念）那里找到的社会病理学的思想，永远要求在某种失去的自然方式或者某种需弘扬之目的的方式上设计的规范性的视野。此外，谈论社会病理学还意味着把规范性的医学类型转移到社会里，这些类型只能以我们作为成员的社会的文化方式、自我理解方式，才是可以领会的。总之，社会学所接替的社会观必须使用昂贵的人类学的规范性预设。因此，霍嫩斯更喜欢处于某种形式的伦理学视野里：那些反对自我完满实现的社会现象都是病态的，不管我们可能理解的这种实现是在什么方式下完成的。事实上，在霍嫩斯那里，正是某些康德道德观的风貌，尤其是关于尊重的层面，建立了承认理论。例如，承认他者并非仅仅了解他，而是要脱开自我中心走向他，通过种种表达标志以及介绍或祝贺他的各种社会礼仪，使他获得显著的社会地位。在《物化》（*La réification*）一书中，霍嫩斯把承认作为向世界开放的第一种类型，这个思想借鉴了海德格尔的关注或者杜威的转移行为思想（Honneth，2007）。

何以被歧视经验可以把人们投入一场争取承认的斗争呢？身体上的创伤使个人失去了对其肢体的拥有并把它毫无防护地给予了他人的意志。痛苦之外，还有可以产生羞耻和对自我失去信心的屈辱感。权利的失去影响着自尊。第三种屈辱感是对个人社会价值的歧视，对个人尊严、个人自我好评的伤害。这就促使受屈辱者进入一种为着承认而进行的斗争，因此，这是一种来自羞耻、生气甚至气愤的情感。霍嫩斯（2002）参照了杜威：情感反应不是一种内在心态的表现，而是主体对其行为的成就或失败所做出的反应。正如斯特法妮·哈贝尔（Stéphane Haber，2009）所指出的那样，霍嫩斯没有重新拿来《1844年手稿》中所设想的异化观念的全部心理学内涵。这里的身体痛苦或精神痛苦问题不是从其自身、运用医学的心理学的或社会的语汇来澄清的。霍嫩斯所感兴趣的，只是痛苦和屈辱所产生的抵抗动力。

解放的问题学

有可能把承认斗争与我们自身的历史本体论耦合起来。我们自身的历史本体论反馈到对我们的现代性或后现代性的自我阐释工作，从我们的各种预设的问题域中分离出种种新的可能性。对承认的要求呈现为解放的伦理学一面，它引出了诸如尊严或尊重等概念。然而要把道德上的气愤与哲学工作耦合起来，还应该寻找第三个词汇，康德在提到试图把"被监护者"与其奴性捆绑在一起，向他介绍说自由充满着全部危险的监护者修辞学时曾经喻示了这个语词。康德似乎同时还喻示了一种反修辞学，后者可以支撑危险并非如此巨大的论断。

修辞学位于交际和谐的此岸并把冲突包含在内。这是"人们之间距离的某种协商"（Meyer，2004 b）。修辞学承担着行为者自身为了承认而斗争、试图获得解放的言语。康德所提到的空洞修辞学似乎仅关涉对情感操作的批判。我们能够在某种问题学的阐释中把这种修辞学扩展到包含其性情、逻各斯和情感三个维度在内的程度吗？

无礼或对性情的质疑

米歇尔·梅耶（1995）把瞄准权威性的不合时宜的叩问叫作"无礼"。凡是种种回答自我确立的地方，以及明显不能对它们置疑的地方，无礼都可以自由地提出问题。[①] 无礼并非自行脱离社会场的侮辱概念。它更多的是质疑内心权威性的开拓者的言语。"无礼"显然与傲慢相区别，傲慢是对某种自认为不必要回答有关自己言行的某种权威性的内在性歧视。在傲慢中，权威性已经预先通过对其行为的单方面肯定（事情就是这样，没有商量的余地）回答了任何批评，这种肯定事实上已经变成了某种自然的必然性（事情只能这样）。无礼质询"那些自认为超越任何回答义务的人们"（同上书，第 10 页）。

无礼恰恰通过揭示权力之根基的缺失，试图取消它的合法性。它并非虚无主义，而更多地试图无视表象而恢复表象之外的真正的价值等级。正是从这个意义上，帕斯卡尔在他《关于伟大人物之条件的三次演说》（*Trois discours sur la condition des grands*，1963，pp. 366—368）中，把"伟大之建立"相对化。他以更高的伟大价值的名义把它们相对化。这种使伟大贬值的做法搅乱了先前的秩序。因此一直以来，权力都试图把无礼纳入渠道（国王的疯态渠道，然后是"不幸者的木偶"渠道）。[②]"然而，无礼仍然只是作为人的自由活动的叩问能力……"（Meyer，1995，p. 39）这是苏格拉底或耶稣这些伟大无礼者的抵制形式。当教会尚未把基督教主义变成傲慢的教义之前，它似乎是人类历史上最无礼的信息，因为它敢于说它的王国不是这个世界上的王国，由此而蔑视所有人间的伟大价值。然而现代性是一种赤裸裸的无礼，意思是说，它相对于神性而自立。世俗化是

---

① 米歇尔·梅耶指出，无礼这个术语与 *selere*（习惯）同根同源。（1440 年当"insolite"一词出现时）最先被人们感知为"习惯"的这个语词后来增加了"无礼"的意思。

② 梅耶指出，当无礼者是喜剧角色时，他有助于降低自身的价值，把它变成一种戏剧场景式的无礼，同时又保留了叩问机遇的某种开放性。

"蔑视上帝"的无礼本身（同上书，第 37 页）。它削弱了各种回答和各种隐喻的意义（Meyer，2010，p. 41）。

无礼叩问社会秩序的这个或那个版本。它干预身份与差异之间的耦合并关涉它们的分配。这是一种探测自称为价值之价值并使似是而非的虚假价值灰飞烟灭的榔头哲学。它瞄准着"重建真正的等级，尊重超越表面差异而确立的真正的差异，紧贴各种事情的真相，不管表象如何，存在以这种真实面貌的名义重新找到了自己的力量"（同上书，第 14 页）。梅耶仍然强调了无礼的暧昧性。当负面的无礼混淆本应该区分的东西且相反分离本应该相关联的东西时，正面的无礼则恢复身份和差异的权利。它重新调好挂钟的时刻并把主体们放回他们的位置。

从修辞学的视点看，无礼关涉性情的问题域，监护者的素质为其权威性正名。如果我们稍许把梅耶的思想外延一点，就可以说，无礼的三个土耳其人的脑袋是欺诈、骄傲和刻板精神。欺诈指的是冒用我们没有任何头衔的某种权威。孔多塞（Condorcet，1989）一直不间断地揭露教权主义，它以虚假的知识为基础宣称拥有某种权力。欺诈者搅浑差异与特长的界限：核能专家在电视上为核电站的建设大造舆论（这是科学与政治的混淆），政治家干预科研方法（利桑果/Lyssenko 事件），牧师在他的神坛上指斥进化论，而相反，学者宣称证明上帝的存在与否。欺诈是出于权力的目的普遍地混淆语言游戏。面对欺诈者，无礼者的问题永远是下面这种类型："你是谁，说出、做出这样或那样的事，发出这样或那样的命令？而你以什么身份说这样的事？谁给你这样的权利？"

骄傲是自命不凡且自视"伟大"的权力对"小人物们"的歧视。欺诈混淆本应该分离的东西。骄傲恰恰相反，它是某种距离病：建立在伟大基础上的自我存在的某种本体论证据，与之相比，所有其他的人或事都是渺小的。骄傲者不能忍受问题，更不能忍受质疑。回答不啻于屈尊。因此，歧视用不置一词来回答，这是一种不屑于说出问题不值得提出的方式，同时自以为自己很强大。在这种语境下，任何问题都变成了自负，甚至亵渎神灵！面对这样一种社会距离病，无礼者的问题永远都是下述类型："你把我们当成谁了？你把你自己当成谁了？"他的策略将是呼唤比自视"高大者"更高大的人物：呼唤国王以对付王子的歧视，用上帝来对付国王的歧视。

骄傲出自贵族的本性，刻板精神是距离的中产阶级形式，它悖论性地走向这种距离的取消。这是对其重要性的强烈意识，是一种身居其位的情感，梅耶这样说（同上书，第190页）。当表象宣称表述没有距离的人的存在状态时，刻板精神就会倏忽而至：我表里如一，我身处现在这个位置，因为我值这个位置。我的全部构成了我本人。萨特（Sartre）笔下日后出名的咖啡馆服务生代表着人的这种物化。无礼深入表里之间的某一点。咖啡馆服务生竭力体现"里"的一面，他并没有完全做到。无礼者永远会提出这样的问题，披袈裟真的能够成就和尚吗？

逻各斯：接触问题的条件

无礼揭开了各种黑匣子。它赋予自己叩问、叩问各种回答的权利：叩问别人的回答或者他自己的回答。凡是权威性自认为没有问题的地方，它都滋生了某种问题。德勒兹说，真正的自由不在于选择别人提出的各种解决方案，而在于掌控各种问题。无礼者赋予自己提出什么问题奠定了其他人向他建议的这些方案。他有时甚至宣称，所提问题不是好问题，它或者建构不好，或者就是伪问题。无礼如果没有办法建构或重新建构它宣称由自己承担的各种问题时，就是贫瘠的。因此，解放的修辞学应该包含问题学的逻各斯，由此而贴近我们自身的历史本体论，并为自我阐释的哲学工作做准备。

在我们这样一个复杂的和问题属性的社会里，解放不可避免地要碰到专家与一般人的关系问题以及要成为面对无数专家之大家所要求的知识类型或专长类型的问题。渺小者就在于把问题的管理抛给其他人并采纳他们的各种解决方案。这种情况通过金钱而实现："只要我可以付钱的地方，我都没有必要自己去思考"，康德曾经这样说过（2006）。因此，人们是可以购买方案的！在我们生活的这个复杂的和问题重重的社会里，如果我对问题很清楚，那么它们的建构，它们的解决方案就更上一层楼了，都属于蕴含着高度专业化的各种知识和技术的某种鉴定。如何以大手笔的方式使用专家们呢，即不脱离其思考的责任呢？

德勒兹通过区分问题的辩证法与问题的分析让我们走上了这条道路（Deleuze，1969）。问题的辩证法在这里界定某种超学科的建制，某种鸟瞰式的建制，至于分析则反馈到各种特殊鉴定场里对问题的构成工作，亦即在不同的学科、艺术或职业里。因此，辩证法与各种具体问题投资为问题属性相关。例如在《精神引导的规则》（les *Règles pour la direction de l' es prit*）一书里，当笛卡尔询问"声音的性质是什么"时，他处于精神的分析层面。然而构成物理问题之前，不应当首先把声音确定为诸如物理属性而非音乐属性吗？这里，辩证法与下面这类问题相关：如何背离声音的感知性质以期研究它的知性结构呢？如何从音乐走向物理，或者像巴什拉尔会说的那样从声音的现象走向它的本体？

我们可以把这种认识论的区分推而广之吗？让我们引用康德的三个例子：书的例子、精神导师的例子或者医生的例子。就定义而言，专家属于问题的分析范畴。他是在其专业领域里唯一能够建构它们并解决它们的人。现在，进入大手笔使用专家意味着什么呢？意味着保持对问题辩证性的掌控！这里蕴含着两个层面的责任。首先是把各种问题建构为问题的责任：决定我的问题是否确实应该构成医学问题、宗教问题或者技术问题。最终清楚我是否应该咨询医生、牧师或者书本的责任属于我。清楚我是否应该遵循他们的意见、建议或论点的责任也属于我。然而辩证法还介入第二层面的责任，后者属于问题的某种普遍文化。普遍文化不是允许我们理解其他人之特长的东西吗？我不是医生，然而我有足够的健康知识并对身体有相当的了解，知道我是否应该相信从不建议我做生理检查或者每当我伤风就给我开出大量抗生素的医生。如果说问题的分析法要求专家熟悉他的专业领域，这是对专长的一个相当好的定义，涉及其道德维度、政治维度或实践维度时，问题的辩证法则要求某种"有知识的谨慎"。由于这种有知识的谨慎，"人们才可以重新进入其中"或者"不会轻信他人的叙述"，这就可以揭穿欺诈，打击骄傲或者震动刻板精神。这种有知识的谨慎不是某种纯粹形式的超级专长，而是某种不管其内容如何都能够建构问题的普遍能力。说它属于某种普遍文化意味着它触及基本的原则，意味着它既接触到了科学和技术学科的基础知识，也接触到了文学和人文学科的基础知识。我们再次使用康德的例子，我的历史的和政治的文化使得我阅读的这部论著不从我的位置去思考，而是我与它一起思考以及也可能反对它的意见。我关于微生物和病毒的知识允许我就其处方上具体内容询问我的医生。

诚然，我们可以用从柏拉图到巴什拉尔的古典理性来评估，认为舆论与科学之间存在着一道鸿沟，因而共感没有任何东西可以告知专家。然而，对于巴什拉尔而言，学校科学培养的目标恰恰在于使精神摆脱基本的认识论障碍，以便使它变得能够理解科学的症结、成果，尤其是科学的精神。因此，我们所谈论的普遍文化原则上与巴什拉尔所抨击的充满共感之各种偏见的这种"一般知识"没有任何关系。它意味着学校发挥了它的从具体的问题学投资出发、即从各种学科的问题学投资出发开拓问题意识的作用。让我们再次用指南和图示来编织隐喻，那么有知识的谨慎是以某种认识论的指南和种种图示为工具的，它们虽然很粗糙，不进入空间和路线的细节，但是足以发挥引导作用。

问题之辩证法的这两种维度介入了社会运动和政治运动之中，它们不仅以代议制民主还以参与制民主的名义指责那些技术官僚式的鉴定形式。问题的辩证法激活公民的修辞学，公民不是任何领域的专家，但是他不希望专家们代替他决定某种不仅属于科技方面，然而也介入诸如某种社会生活观念与环境的各种关系的问题。其实，正是这种问题的辩证法的作用拓宽了，甚至根据需要重新界定只能由专家们领会为某种特殊人才之问题的东西。

管理学的例子

在这方面，如果说有一个领域，在那里这样的警惕性应该落实的，那就是管理学的领域，因为它触及日常生活所有领域的权威性：工作、培养、娱乐、政治等。与交际一样，管理被广泛视为某种简单的技术事务，人们希望它产生种种奇迹，由此就产生了痛苦的失望情绪，而首先是来自管理者自身的失望情绪。据勒高甫（Le Goff, 2000）说，现代的管理学可能忍受着四大缺陷之苦：（1）远离任何职业经验、由人文科学或伪科学的碎片拼凑而成的某种伪科学的方法论的形式主义；（2）把人类的活动从行为主义的角度浓缩为一系列基本的运作；（3）对人的某种工具化的阐释，阐释为可操作的物质，其中蕴含着对人的"物化"，如同霍嫩斯所说的那样；（4）作为补偿，某种空洞的伦理学言语，用勒高甫的话说，某种"马戏小丑"的伦理学充斥着对责任化的赞美，按照"参与性管理"的妥协性意识要求所有人的参与，而罔顾他们的工作条件和报酬。

遗憾的是，如今这种管理观念已经传播，把欺诈（以其伪科学的根据）、骄傲（永远有理）和刻板精神（崇拜专长）几种缺陷汇聚在一起。它还提供了某种虚假的问题的辩证法，理由是它的形式主义使它远离人类行为的某种真正的文化。它最后还体现了"试图遮蔽企业内部之分工和差距"的某种意识形态（同上书，第 35 页）。这样一种管理学幻想的失败被人力资源的专业人士自身所感知，他们当时似乎处于种种盎格鲁—撒克逊式行为主义方法与"确属我们这里的"父道主义的钳压之中。勒高甫在这里吁请大家从这些错误的方案回溯到人们的环境配置和工作组织提出的问题本身而"捍卫专业主义并反对意识形态"（同上书，第20页）。因此应该承认，管理学既不属于科学，也不属于技术，而更多地属于某种艺术。作为对勒高甫分析的延伸，我们不妨指出，工作环境配置职业的核心属于某种政治艺术，我们应该澄清该艺术的各种构成性问题性：（a）处于司法性、社会性和经济性张力之间的权力的问题性；（b）汉娜·阿伦特（Hannah Arendt）意义上的劳动与事业之张力中职业的问题性；① （c）活动者的问题性，它处于必要合作与利益不同的张力关系中；（d）听从与决定之间、肯定自我与尊敬他人之间的伦理学的问题性。我们理解，虑及这些问题性引入一种新的管理者的培养观，后者建立在劳动形势分析的基础上，建立在某种情境化的伦理学的基础上，建立在管理和鼓动的种种特殊专长的基础上，尤其建立在某种牢固的普遍文化的基础上。

对这些典型问题的论及可以界定解放的修辞学的逻各斯，作为从种种方案上溯到各种问题、甚至重构这些问题的解放的修辞学。在这种活动中，关键在于通过开放各种可能性而反对命运形象。正如雅克·朗西埃在他有关解放的哲学里所强调的那样（2000），政治与警察相对立，后者可以理解为奠定并影响一定社会之"感性分野"的东西，即奠定并影响价值、位置和份额分配方式的东西。警察永远把自己的解决方案当然化，把它们介绍为种种仅有的可能性。如今警察已经经济化，而"神圣的市场"构成我们命运的新形象，构成后现代性的宏大叙事（杜富尔/Dufour，2007）。反之，政治却干扰各种位置和份额的秩序，并蛮横无理地暗示，其他分配方式是可能的。政治是对各种交替行为的想象。这样，从解决方案到建立它们的各种问题的上溯就从解决方案的命运中解放出来并偶然打击了这些方案。

允许（autorisation）的情感化

在有关解放的反修辞学里，无礼指责监护者的性情，从解决方案到各

---

① 阿伦特认为，劳动是从生产/破坏的生命周期中提取的，而事业则是持续延伸并赋予世界某种稳定性的东西。

种问题的上溯质疑监护者性情的逻各斯，然而如何反对它的情感即它的构成性激情的操纵呢？康德深刻理解监护者的黑修辞学是如何把玩恐惧心理的："把他们的家畜变得很愚蠢并且小心翼翼地警惕他们这些安静的创造物不敢走出他们关押它们的公园一步之后，他们（监护者）向它们展示，如果它们试图只身在外边冒险，将有多少危险威胁着它们"（Kant，2006，p. 44）。康德于是草创了某种空白修辞学，后者与监护者的修辞学相对立："那么，这种危险真的并不很大，因为经过几次跌跤之后，它们终于很好地学会走路。"但是他只能承认监护者所发挥的恐惧情感的有效性："然而，这种类型的一次事故仍然使它们腼腆，而由此产生的惊恐一般都会使它们对再次尝试避而远之。"（同上）因此，解放是介入人的全部、他的感动和激情的一种考验。因此康德赋予解放某种伦理学维度，并提及勇敢、懒惰和懦弱。

对这种恐惧修辞学的反驳导致以具体的和一再重复的方式对可教育性设想的再次肯定。这大概是朗西埃的基本贡献，他从康德那里，尤其是从《判断力批判》（Critique de la faculté de juger）中寻求无视社会阶级之区分的平等原则的一次最初的构成。① 在康德那里，趣味判断的形式统一性思想其实与判断"小民们"没有对美之敏感性的精英主义是吻合的。康德从审美的共感中看到了对"统治者文化和卢梭自然观的共同超越"（Rancière，2007，p. 282）。在朗西埃看来，趣味判断的普遍化只是预示了19世纪的工人解放的经验。朗西埃在《无产者的黑夜》（La nuit des prolétaires，2005 b）里揭示道，在傅立叶主义者和圣西门主义者那里，解放具化为遮蔽住劳动中的阅读时间、书写时间或说话时间，这就给出了作为学校基本活动的这种空余时间，正如词源学偶然提示的那样。因此，问题就在于摆脱事物的功能性。工人的解放"首先是一种审美的革命：与某种条件所'强加'的感性世界保持了距离"（Rancière，ibid.，p. VI）。

无产者不必意识到他们所经历和已经想到的剥削。他们更应该忘记它、无视它以期自视为并自我感觉为拥有足够的能力。因此，任何解放思想，朗西埃说，都应该把平等作为原则。这种平等思想不属于事实范畴。它更多的是一种设想：是意志的乐观主义战胜了知性的悲观主义。社会学

---

① 我们知道，朗西埃是多么严厉地反对布尔迪厄（Bourdieu）的区分和他关于社会阶级不同、审美趣味也不同的社会学思想。

不断地告诉我们，实际上人们是不平等的，但是我们可以看到这种发现指引我们的方向：即使我们与不平等现象作斗争，赛跑结束时永远还会重新发现不平等。反之，提出平等的原则是在实践中实现它的唯一方法。然而存在着让人们相信这种平等之真实可能性的种种符号。这就是人们共同分享的语言。没有沟通，没有主人与服务者作为超越他们的差异和他们之间的不平等的说话者相互之间的承认，权威性的行为其实是无法形成的。因此，语言自身是某种解放的因素。

在朗西埃看来（1987），解放的典范既不存在于《门农》（*Menon*）的苏格拉底式助产术中，也不存在于洞穴神话中，而存在于教育学家雅各多（Jacotot）之身。[①] 这里的教育学关系不蕴含一种智力比另一智力的任何高超性。这是一种纯粹的意志关系：拿起这本书读吧！解放界定为"两种关系之间已知并被维持的差异，一种智力的行为仅服从它自身，而意志服从于另一意志"（Rancière，1987，p. 26）。既然解放首先是一种意志行为，人们只能由某种强势的权威所解放，后者与屈辱的黑色修辞学背道而驰。给弟子一本书读，这是相信他有这个能力并让他知道这一点：如果你应该做，你就能够做到！我之所以让你这么做，意味着你有这个能力！

归根结底，学者雅各多所要求的老师的这种奇怪的无知具化为什么呢?[②] 朗西埃以两种方式来确定它：相对于知识和相对于意志。首先，这是对"分裂"的无知。在传统的教育关系中，知识补充无知。这样人们就维持着作为老师行为之教与作为学生行为之学的融会。所谓分裂，就是每个人走自己的路这种意识，即老师的知识最终与学生的学习没有多大关系。然而，老师的无知，也是老师有意选择的无知。老师有意对学生与他之间的不平衡视而不见，以便确立知性的平等思想。这里有着可教育性设

[①] 雅各多是 1818 年移居荷兰的法国教授。他的荷兰学生想学法语，而他不会佛来米语。他身边只有费讷隆（Fénelon）的双语版《泰莱马克》（*Télémaque*）。于是他决定要他的学生们借助于翻译学习法语。他预计将看到一场灾难。然而，他惊奇地看到了他们工作的质量。雅各多从这次经验中获益匪浅，他把这些教益写进他的五卷本著作《世界教育》（*Enseignements Universel*），后者分别于 1829 年和 1830 年出版。朗西埃在这里评论的就是这些著作。

[②] 雅各多远非一个无知的人。他甚至是一名学者。严格地说，他是一个"知识普遍的人"。他先后在第戎教授修辞学；在国民公会时期，他成了火药局的教员，科技大学的副主任。回到第戎以后，他教授"先验数学"、微积分学。他拥有丰富的政治经验：出任过战争部的秘书，随后担任议员。但是，在雅各多看来，老师的责任不是灌输知识，而限于给出作业并验证，不是验证学生所发现的东西，而是检查学生是否完成了作业。因为大家都知道探索意味着什么。因此，不识字的家庭之父完全可以解放他的儿子，把《泰莱马克》或任何其他文章递给他。

想的某种独特的和极端的构思，唯独这种构思可以为无知（这次是学生的无知）善为之事打开空间。因此，老师之不知尚不容易放进教育学的形象和方法的历史中。应该更多地把它看作一种政策姿态，即允许做的姿态。无知的老师质疑感性的分野，并呼唤学生以期后者不要放弃他的参与。这种策略行为，即使无知的父亲也可以做给他的儿子们。

　　然而，解放的情感还要考虑到弱小者的抵抗，正如康德已经指出的那样，后者不希望获得解放。在《被歧视者的社会》（*La société du mépris*）一书中，霍嫩斯提到了幸福奴隶之悖论向某种承认理论提出的问题。汤姆大叔确实得到了他的那些维护黑奴制度的产权者的承认；他感觉很幸福，因为他获得了某种稳定的身份。仅仅从外部的视点看，他才显得异化了。霍嫩斯承认，任何异化理论，任何意识形态，都不能完全反映这种现象。关于这个话题，他提出了"错误理解"、"错误对号"或者还有"错误身份"等概念，但是未能展开讨论。朗西埃对工人解放的庆贺能够逃避幸福奴隶这种悖论现象吗？他所提到的无产者们不属于某种工人贵族吗？无疑，这种成为强势的愿望受某种平民式的"操心自己"思想的鼓动，这种思想同时也是对其他人的关心，"人的某种个性思想也是某种人们团结一致的思想"（Rancière, cité par Greco, p. 60）。但是下述问题仍然提出来了，即远离这些团结思想、参与这些聚会的机遇太差或者过于异化不想获得解放的那些无产者们究竟会变成什么样呢？

　　于是，幸福奴隶的悖论就迫使人们提出某种解放性暴力的问题。柏拉图把那些迟疑不决的囚徒们拖出洞穴，而任何解放性教育都面对某种权威强迫人们自由的不可超越的矛盾现象。我们可以把这种解放性暴力设想为强制汤姆大叔意识到自己的异化实质的某种外部贡献。我们还可以像朗西埃那样不相信这种干预（政党的干预，知识界的干预等），后者总是站在恢复知性不平等的起点上去竭力否认，相比之下，我们可以更喜欢某种纯粹的权威行为：拿起来读吧！汤姆大叔在服从学习阅读（在《泰莱马克》或其他书中）的命令时自我感觉变得有能力了，同时他也有可能实际变得有能力。他从自己自由人的尊严中获得了自我承认。

　　我们前边强调了解放的政治维度并肯定了抵抗某种外部统治的价值。然而，正如幸福的奴隶的悖论所显示的那样，解放也是反对自我和自身各种偏见的一场斗争。我们在导语中暂时搁置的认识论维度于是反馈到勇敢的伦理学。在《何谓启蒙?》一书中，康德永远把解放的各种认识维度即反对其种族和阶级偏见的斗争与自我思考的勇气结合起来。换言之，解放并非仅仅是对必然由他者施加的某种权力的质疑范围的事情。它也属于有关自身、反对某种内在敌人的工作。解放要求面对监护者的无礼态度，后者以这种或那种方式宣称要把他们的同代人维持为弱小群体。然而它也对自身有效，也许更有价值。尽管把无礼变成某种针对自我的行为多少有点悖论之嫌，这种自嘲态度对任何培育似乎都是必不可少的。自己的欺诈、骄傲或刻板精神被逮个正着，确实是一些令人失望的和经常痛苦的经验，然而大概也是任何心理成长不可或缺的经验。问题化由此也是一种考验。

结　　论

我们在问题学的范围内并以某种终生教育或培养的视点阐释了解放思想。在为了承认而斗争的伦理学维度与我们自身之历史本体论的哲学维度之间，我们觉得有必要加入某种修辞学维度，即与监护者的黑色修辞学相对立、通过它表达要求成为强大群体的修辞学。在我们看来，重新谈判统治者与被统治者距离的有关解放的空白修辞学全部似乎都具有问题学性质。它质疑监护者的性情：这是无礼的时刻；它批评通过某种上溯到各种问题自身而强加的各种解决方案，这里蕴含着对支配性逻各斯的重新界定；最后，它竭力反对恐惧修辞学，监护者通过这种恐惧修辞学操纵弱小者；空白修辞学还以多种方式发挥了允许和可教育性的语汇。

如果说终生教育思想拥有某种意义，那么它指的就是这种旨在成为强大者的共同努力。因为人们永远都不是强大者，康德喻示说，人们在变得强大。解放是一种纯粹的变化。我们可以回头检视我们从哪些东西中获得了解放，然而朝前看去，我们永远只能看到某种视阈。

总的结论

　　德勒兹认为，在我们现在这样一个赫拉克利特式的世界里，理念不再可能以柏拉图那样的方式具有本质属性，而是成为诸多问题。这种思想的结果立即呈现在教育方面：人们无法回答什么是优秀教育的问题，而只能澄清教育方面的种种问题性。这即是说，传统上归结为教育者的各种任务（儿童期和青年期的保护，心理的结构化，知识和价值的传授、解放）不仅相互之间存在张力——它们实际上一直处于这种张力之中，而且也无法参照某种预先建立的平衡典范，后者此后将界定这些任务应该具有的内容。从这时起，我们可以认为弗洛伊德说给父亲们的话"做你们能够做的事，不管怎样，你们永远都做不好"从来不曾如此真实，而且它的意义可以扩展到所有的教育者。诚然，不计其数的专家蜂拥而至，为父亲们、教育者或教师们提供他们该做什么、尤其是不该做什么的建议，但是他们之间的矛盾本身显示，他们无法谈论科学，并且只能把有关教育的各种修辞学对立起来。毫无疑问，这意味着教育要谨慎，今后不再可能允许观察宇宙之间的重大平衡，当亚里士多德还可以把 phronésis 作为一种实践理由时，上述天文观察还可以进行，亚里士多德视为实践理由的东西与科学思维格格不入，但是尚保留着确定行动之正确中线的能力。这种谨慎也不再可能许诺设定为肯定迈向一个更好世界的进步思想了。它要表述什么呢？

　　首先，人们再也不可能试图躲避各种背景世界的变化。从这个视点看，一种问题化的思想，例如杜威的思想，建议我们放弃从固定的参照系中寻求肯定性，不管这些参照系被思考为基础或宗旨：自然、我思故我在、历史的终结等。那么我们就面临变化的非理性和各种时尚的作弄吗？不，因为问题化或调查思想恰恰瞄准对这种变化的监控。无疑，问题不再是黑格尔的理性了：并非如此这样的真实才是理性。正如梅耶所说，真实更多的是我们各种问题域的资源和我们各种回答的视阈。杜威想表达的，即有可能赋予理性某种程序化方式。理性并非一堆原则或永恒的类型，理性是一种调查程序，现代科学不断地展示这种程序的丰富性。杜威的赌注在于把这种调查理性普遍推广到伦理学领域，对他而言，即推广到社会调查特别是教育事务方面。他的天才在于，通过把调查界定为问题域与问题外的辩证法并显示这种程序所提供的临时性肯定性足以认识真实并引导生活，而把问题性的承认与肯定性的需要耦合起来。

正是在这种视野里，我们发挥了指南和图示的隐喻。指南提及传统称谓的开放精神，并由此而同时指示自我分散、聆听他者、承认自己错误以求进步以及向经验知识开放的能力。在某种问题学的视野里，精神的开放指的是问题化的性情，拒绝对各种问题的回避，也指示它的情感，因为问题也是考验，最后还指示其逻各斯，即提出、建构并回答各种问题的能力。我们考察了学校在这种问题化的教育中能够发挥的作用，前提是提升问题感和体验感。我们还从问题学的视点重新阐释了康德关于解放的思想及其当代延伸，旨在表述某种被视为哲学生活的继续教育思想。

我们远没有把问题化作为一种普遍的方法论，作为某种万能钥匙，而是小心翼翼地把它与各种图示耦合起来。图示反馈过去经验的内容，这些内容已经积淀在各种知识和文化中。我们觉得，图示的隐喻演示了赫拉克利特式世界所强加的各种新的传播方式。如果说世界确实是不确定的，而我们可以对未来拥有的唯一的肯定性，就是它将与现在不同，长辈据以为晚辈描画未来路程的思想变得极其罕见了。另外，成年人自己对需要传递的价值和知识心中足够有底吗？

于是为什么要惊异于教育规范性的种种变化呢？我们在承认教育规范性可能采纳的不同方式的同时，只能指出从命令式向条件式衍变的普遍倾向，这种倾向与法律思想的某种世俗化、与责任思想的某种弱化以及与世风民主化的强势上升相伴而生。这些条件并不毁灭代际之间的传递，但是深刻地改变了它。人们越来越难以在模仿方式的基础上来构想它。这即是说，年轻人将描画他们自己的道路，正如指南所喻示的那样。但是，没有概括前人经验的各种图示，指南便一文不值。只是上述经验不可能以直接的方式传递，传递为一大堆解决方案或回答。它更多地可以构想为某种问题性，即构想为一大堆：（1）指示一系列肯定被历史性地定位过、但有可能引导未来的价值；（2）可以作为已知材料之标记和结构的类型；（3）

在某种非命令式而是自由化的方式下，亦即通常向多种可能性开放。

如果这样的话，如今的教育者就既不能带上《泰莱马克》里孟道尔的特征，也不能带上让—雅克的特征，即爱弥儿的家庭教师的特征。孟道尔确实陪伴在泰莱马克身边，后者想去哪儿就去哪儿，但是他的目的（重新找到伊撒克和他的父亲）是他所继承且不能置疑的传统文化强加给他的。叙事的重复结构，和平与战争、航行与海难、被操控与自由化的这种承接，似乎只能比较接近地重蹈尤利西斯的覆辙。《奥德塞》（l'*Odyssée*）是一幅奇异的图示，它的所有道路都通向伊撒克。这是因为在美德与缺陷清楚区别、人们从可靠来源中知道荣誉与责任位于何处的这种幸运时刻，孟道尔的谨慎从密涅瓦的智慧中汲取营养。泰莱马克确实可以彷徨，相对于孟道尔受命提醒他的直道，他的错误只不过是一些失误。"噢，生活在这样一个严厉的老师手下，您真该抱怨了！——美丽的婀莎丽丝叫道……然而，展现了如此多的智慧之后，您不应该一任别人把您当作小孩了"（Fénelon, 1995, p. 132）。让别人把您当作小孩在这里指的是让成年人引着走。孟道尔之所以陪着泰莱马克，并不是后者走到哪里就跟到哪里，而是为了把他带回伊撒克。

在《爱弥儿》一书中，卢梭以为还能够在文化的表面特征下，足以认证自然的特征，以期想象某种教育图示。说寓言构成教育的修辞学结构，这意味着管家的精明、他的谨慎，可以构成某种教育的问题性，其条件将是爱弥儿可以接受的，但是每次它都仅包括一条道路和一个出口：由体现在管家意识中的大自然的声音所建议的出口。诚然，我们曾经展示过，在教育和训导的这个或那个时刻，使用这些图示是必要的，然而如今的普遍倾向将是更多地让爱弥儿选择他的道路，难道不是因为自然之道变得与上帝之道一样莫测高深。那么，我们应该从培养小说方面选择我们的教育典范吗？卢卡奇认为，培养小说让人从自我与世界的调解中怀抱对问题性之超越的某种希望。但是，自歌德的威廉·迈斯特以来，《小说理论》（le *Bildungsroman*）刻意强调了作为自我或成为自我的命令式，那还是根据一个足够妥协一致、允许某种认证阅读的世界里某种现代的完成思想而展开的。从此后，我们不再可能在典范或模仿的体制下来阅读生活叙事：我们从他人的生活叙事中仅提取那些此时此地与我们自身阅读建构相协调的东西（Delory Monberger, 2005, p. 56）。

我们在温柔的图示上延宕稍久，作为经验传递方式的一个原型，在我们看来，这种经验传递方式适合于问题性世界。但是，我们远不敢肯定，一旦成为成年人之后的青年人不会修改我们传递给他们的各种图示。反之，他们甚至会设计我们今天根本无法想象的图示。我们今天之所以坚信我们的经验对于领会一个新的和陌生的世界仍然有其价值，那是因为文化呈现为一个由不同的问题性层面的图示篇章构成的整体。我们强调了由语言或数学等基础语言构成的元标识（les métarepères），然而也突出了文学、哲学、人类发展史等经验所揭示的形式结构库或象征结构库。在继续地理隐喻时——后者构成我们的主导线索，我们提到了分类管理平台（chorèmes）的思想，这些二级工具界定着图示的结构性特征。我们希望这些管理平台在新的图示的建立中，能够服务于未来者。

尽管如此，关于我们的图示的未来以及可能影响它们的各种重新界定，我们也做不了多大的事情。我们所担心的，就是青年人无视或者歧视我们向他们传递的东西。当汉娜·阿伦特提到过去与未来的缺口时，这正是她最担忧的事情。当儒勒·凡尔纳在他的短篇《永恒的亚当》（L'éternel Adam）里提到传递的失败把年轻人重新带回野蛮状态，迫使他们的后代一切重新开始时，他搬上舞台的也是这种焦虑。永恒的回复神话在这里指的就是培养的焦虑：每种文明，甚至每代人，都不得不从零开始，当他们只是重新发现时，还误以为是新发明。当我们提到某种人类学变迁的偶然性可能使我们看到某种"后亚当"人类的出现，亦即缺乏任何好奇性时，那里所揭示的也一直是这种担忧（Blais, Gauchet, Ottavi, 2008, p. 67）。人们可以以为这些焦虑有些耸人听闻，但是却并不因此而停止担忧似乎更逼近的危险，即乔治·施坦纳警示我们的极其失衡的传递风险，导致某种超专业化、但是没有什么文化的精英阶层与某种文盲大众共存的传递风险。

米歇尔·塞尔在发挥他的《第三种受教育者》（Tiers - Instruit, 1991）的隐喻时，把第三种位置作为问题—考验的场域。在他那里，第三种位置首先具有空间和时间的意义：中部、颈部、过渡点，但也是发蒙的正午和幸运时刻，其时思想启示着肢体终于包容了无数重复的姿态，其时人们终于肯定事情今后有望了，它就在眼前！这也是人们自我展示的地方，是河流的中部，是思想摆脱老路的分叉点。学习、自我教育、自我培养，亦即自我展现在江河的中流，展现在这种第三位置，后者禁忌走回头路并迫使人们继续前进：冒险和自信就是成功（alea jacta est）！解放就要付出这种代价。心中有第三（有问题—考验）首先蕴涵着穿过意义，参照的是人类学意义上的诞生和必须冒险穿过第一道"瓶颈"，那是第一个问题和第一次考验。学习、自我培养，就是要成长为人。然而，塞尔正确地说道，人们过于关注"变成"的术语而没有关注程序本身，没有关注过渡本身："真正的过渡在中流"（同上书，第 24 页）。

　　世界的问题性把我们抛进了江河的中流，我们没有任何其他支撑，只能依靠我们的智慧和勇气。问题世界的教育，因而就是向这种穿越意义开放。问题化的性情要求接受赫拉克利特的变成意义，因而要求学习游泳和航海。问题化恰恰就是借助指南和各种图示安排穿越、从龙潭与虎穴之间找到一条路径的艺术。

参考书目

Abdallah – Pretceille M. , Porcher L. (1996), *éducation et communication interculturelle*, Paris, PUF.

Abel O. (2000), *l' éthique interrogative Herméneutique et problématologie de notre condition langagière*, Paris, PUF.

Alan (1986), *Pédagogie enfantine*, Paris, PUF.

Bloom A. (1987), *l' ame désarmée*, Paris, Julliard.

Arendt H. (1972), *La crise de la culture*, Paris, Gallimard.

Aristote (1961), *Physique*, Livre I et II , Paris, Les Belles – Lettres .

Aristote (1965), *éthique de Nicomaque*, Paris, Garnier – Flammarion.

Astolfi J . – P. (1992), *l' école pour apprendre*, Paris, ESF.

Astolfi J . – P. (2008), *La saveur des savoirs*, *Discipline et plaisir d' apprendre*, Paris, ESF.

Aubenque P. (1993), *La prudence chez Aristote*, Paris, PUF.

Bachelard G. (1979 a), *La formation de l' esprit scientifique*, Paris, Vrin.

—— (1979 b), *Le rationalisme appliqué*, Paris, PUF.

—— (1970 c), Lautréamont, Paris, José Corti.

—— (1948), *La terre et les rêveries du repos*, José Corti.

—— (1949), *La psychanalyse du feu*, Paris, Gallimard.

Balandier G. (1994), *Le dédale. Pour en finir avec le XXe siécle*, Paris, Fayard.

Baudart A. (1991), La scholè ou les dimanche de l' esprit, *in Les Préaux de la République*, Paris, Minerve.

Bauman Z. (2003), *La vie en miettes. Expérience postmoderne et moralité*,

Paris, Pluriel.

Bell D. (1979), *Les contradictions du capitalisme*, Paris, PUF.

Benzine R. (2004), *Les nouveaux penseurs de l'islam*, Paris, Albin Michel.

Bernard M. (1898), *Critique des fondments de l'édication*, Paris, Chiron.

Bettelheim B. (1988), *Pour être des parents acceptables*, Paris, Laffont.

Blais M. - C., Gaucher M., Ottavi D. (2002), *Pour une philosophie politique de l'éducation. Six questions d'aujourd'hui*, Paris, Bayard.

—— (2008), *Conditions de l'éducation*, Paris, Stock.

Bloom A. (1987), *l'ame désarmée*, Paris, Julliard.

Blumemberg H. (1999), *La légitimité des temps modernes*, Paris, Gallimard.

Bourdieu P. (1979), *La distinction. Critique sociale du jugement*, Paris, Minuit.

Bouveresse J. (1976), *Le mythe de l'intériorité, expérience, signification et langage privé chez Wittgenstein*, Paris, Minuit.

—— (1984), *Rationalité et cynisme*, Paris, Minuit.

Boyer Ch. (2004), l'idée arendtienne de monde, *l'enseignement philosophique*, Vol. LIV, No. 6, pp. 17—25.

Brousseau G. (1998), *Théorie des situations didactique*, Grenoble, La Pensée Sauvage.

Brunet R. (1980), 《La composition des modèles dans l'analyse spatiale》, in *l'espace géographique*, No. 4.

Cady A. (2006), *Le discours des républicains antipédagogues*, 1983 – 2003: *édude critique d'une argumentation et de ses présupposés*. Thèse soutenue à l'université de Nantes.

Canguilhem G. (1955), *La formation du concept de réflexe aux XVIIe etXVIII^e siècles*, Paris, PUF.

Carrilho M. - M. (1992), *Rhétoriques de la modernité*, Paris, PUF.

Castoriadis C. (1998), *Les carrefours du labyrinthe*, Paris, Seuil, Points.

—— (1996), *Montée de l'insignifiance (Les Carrefours du labyrinthe IV)*, Paris, Seuil, Points.

Charbonnel N. (1991), *Les aventures de la métaphore. La tache aveugle*,

Strasbourg, Presses universitaires de Strasbourg.

Chevallard Y. (1991), *La transposition didactique. Du savoir savant au savoir enseigné*, Grenoble, La Pensée sauvage.

Clanché P. (2009), *Anthropologie de l'écriture et pédagogie Freinet*, Presses Universitaires de Caen.

Cometti J. - P. (2010), *Qu'est - ce que le pragmatisme?*, Paris, Gallimard, Folio essais.

Condorcet (1988), *Esquisse d'un tableau historique des progrès de l'esprit humain*, Paris, Garnier - Flammarion.

—— (1989), *Cinq mémoires sur l'instruction publique*, Paris, Edilig.

Coutel C. (1999), *Que vive l'école républicaine!*, Paris, Textuel.

Darwin C. (2008), *l'origine des espèces. Au moyen de la sélection naturelle ou la préservation des races favorisées dans la lutte pour la vie*, Paris, Livre de Poche.

De Singly F. (2003), Les tensions normatives de la modernité, in *éducation et sociétés*, No. 11, 2003/1.

—— (2009), *Comment aider l'enfant à devenir lui - même?*, Paris, Armand Colin.

De Vecchi G. (2004), *Une banque de situations - problèmes tous niveaux*, Paris, Hachette éducation.

Delbos G. , Jorion P. (1984), *La transmission du savoir*, Paris, Maison des sciences de l'homme.

Deledalle G. (1964), *l'idée d'expérience dans la philosophie de John Dewey*, Paris, PUF.

—— (1993), Introduction à Dewey, J. *Logique. La théorie de l'enquête*, Paris, PUF.

Deleuze G. (1968), *Différence et répétition*, Paris, Minuit.

—— (1969), *Logique du sens*, Paris, Minuit.

—— (1990), *Pourparlers*, Paris, Minuit.

Delory - Monberger. (2005), *Histoire de vie et recherche biographique en éducation*, Paris, Anthropos.

Derrida J. (1997), *De l'hospitalité*, Paris, Calmann - Lévy.

—— (2001), *Foi et savoir*, Paris, Gallimard.

Dewey J. (1968), *Expérience et éducation*, Paris, Armand Colin.

—— (1983), *Démocratie et éducation*, Paris, l'Âge d'homme.

—— (1993), *Logique. La théorie de l'enquête*, *Paris*, *PUF*.

—— (2003 a), *Reconstruction en philosophie*, *Publications de l'université de Pau*, Farrago/ Léo Scherer.

—— (2004), *Lécole et l'enfant*, Paris, Fabert.

—— (1990), *Quest of Certainty. The Later Works*, 1925—1953, vol. IV, 1929, Chicago, Souther Illinois University Press.

Dolto F. (1985), *La cause des enfants*, Paris, Robert Laffont.

Droit R. – P. (2007), *Généalogie des barbares*, Paris, Odile Jacob.

Dubert F. (2002), *Le déclin des institutions*, Paris, Seuil.

Duborgel B. (1989), *Imaginaires à l'oeuvre*, Paris, Greco.

Dufour D. – R. (2007), *Le divin marché. La revolution culturelle libérale*, Paris, Denoël.

Durand G. (1969), *Les structures anthropologiques de l'imaginaire*, Paris, Bordas.

Durkheim E. (1938), *Lévolution pédagogique en France* (deux tomes), Paris, Alcan.

—— (2005), *éducation et sociologie*, Paris, PUF.

Eco U. (1992), *Les limites de l'interprétation*, Paris, Grasset.

—— (1982), *Le nom de la rose*, Paris, Grasset.

Fabre M. (1989), *l'enfant et les fables*, Paris, PUF.

—— (1995), *Bachelard éducateur*, Paris, PUF.

—— (1999), *Situations – problèmes et savoir scolaire*, Paris, PUF.

—— (2001), *Gaston Bachelard ou la formation de l'homme moderne*, Paris, Hachette.

—— (2002), Les controverses française sur l'école: La schizophrénie républicaine, in *Enseigner et libérer* (direction Christiane Gohier), Laval, Presses de l'université de Laval.

—— (2003), *Le problème et l'épreuve*, *formation et modernité chez Jules Verne*, Paris, l'Harmattan.

—— (2003 b), *Bouvard et Pécuchet ou l'impuissance à problématiser*, in *Le Télémaque*, No. 24.

—— (2005), 《De la barbarie ou les deux sources de l'éthique éducative》, in Christiance Gohier et Denis Jeffrey (dir.) *Enseigner et former à l'éthi - que*, Laval, Presses de l'université de Laval.

—— (2006), Penser la formation, Paris, PUF.

—— (2008 a), l'éducation chez Dewey: conversion ou adaptation?, *Recherches en éducatuin*, No. 5, http: //www. recherches - en - education. net

—— (2009 a), *Philosophie et pédagogie du problème*, Paris, Vrin.

—— (2009 b), l'esprit est une école, le maître intérieur chez Bachelard, *in* Billouet P. (dir.), *Figures de la magistralité*, Paris, l'Harmattan.

—— (2009 c), Maître Renard ou les fables pédagogiques de l'émile, *in* Billouet P. (dir.), *Figures de la magistralité*, Paris, l'Harmattan.

—— (2010), Du bon usage des controverses, *Recherches en didactique des sciences et des technologies*, *No.* 1. *Opinions et savoirs*, *INRP*, pp. 153—170.

Fabre M., Fleury B. (2005), Psychanalyse de la connaissance et pro - blématisation des pratiques pédagogiques: La longue marche vers le processure apprendre, *Recherche et formation. Formation et problématisation*, No. 48, INRP.

Fabre M., Musquer A. (2009 a), Comment aider l'élève à problématiser? Les inducteurs de problématisation, in *Les Sciences de l'éducation pour l'ère nouvelle*, CERSE, Vol. XLII, No. 2.

—— (2009 b), Quels outils pour la problématisation? Analyse d'une banque de situations - problémes, *Spirale*, *revue de recherches en éducation*, *supplément électronique*, *Spiral - E*.

Ferry L., Gauchet M. (2004), *Le religieux après la religion*, Paris, Grasset.

Ferry L. (1996), *l'homme - dieu ou le sens de la vie*, Paris, Grasset.

—— (2006), *Penser la formation*, Paris, PUF.

Finger M. (1989), Apprentissage expérientiel ou formation par les expériences de vie, in *éducation permanente*, No. 100—101.

Finkielkraut A. (1987), *La défaite de la pensée*, Paris, Gallimard.

Forquin J. – C. (1993), Savoirs et pédagogie: faux dilemmes et vraies questions, in *Recherche et formation*, No. 13, INRP.

Forquin J. – C. (1991), Justification de l'enseignement et relativisme culturel, in *Revue française de pédagogie* No. 97.

Foucault M. (1999), Qu'est – ce que les Lumières?, in *Dits et écrits IV*, Paris, Gallimard.

Gadamer H. – G. (1976), *Vérité et méthode. Les grandes lignes d'une herméneutique philosophique*, Paris, Seuil.

Gauchet M. (1985), *Le désenchantement du monde. Une histoire politique de la religion*, Paris, Gallimard.

Gavarini L. (2003), l'enfant est – il un sujet? évolution des représentation et des savoirs, in *Denise Bass et al. , Mais où est donc passé l'enfant?*, Paris, Érès.

Greco M. – B. (2007), *Rancière et Jacotot une critique du concept d'autorité*, Paris, l'Harmattan.

Haber S. (2009), *l'homme dépossédé. Une tradition critique*, de Marx à Honneth, Paris, CNRS éditions.

Habermas J. (1973), *La technique et la science comme idéologie*, Paris, Denoël/Gonthier, Médiations.

—— (1988), *Le discours philosophique de la modernité: douze conférences*, Paris, Gallimard.

Hegel G. – W. – F. (1940), *Principes de la philosophie du droit*, Paris, Gallimard.

Heidegger M. (1958), *Essais et conférences*, Paris, Gallimard.

Hocquard A. (1996), (dir.), *éduquer à quoi bon?*, Paris, PUF.

Honneth A. (2002), *La lutte pour la reconnaissance*, Paris, Le Cerf.

—— (2006), *La société du mépris vers une nouvelle théorie critique*, Paris, La Découverte.

—— (2007), *La réification, Petit traité de théorie critique*, Paris, Gallimard.

Houssaye J. (1993), *La pédagogie, une encyclopédie pour aujourd'hui*, Paris, ESF.

—— (2003), 《Les tribulations du Bien et du Vrai en éducation》, in *Revue française de pédagogie*, No. 143, avril – mai – juin.

Houssaye J., Hameline D. Soëtard M., Fabre M., *Manifeste pour les pédagoques*, Paris, ESF.

Husserl E. (1965), *Logique formelle et logique transcendantale*, Paris, PUF.

Husserl E. (1950), *Idée directrices pour une phénoménologie*, Paris, Gallimard.

Husserl E. (1976), *La crise des sciences européennes et la phénoménologie transcendantale*, Paris, Gallimard.

Iser W. (1976), *Lacte de lécture, théorie des effets esthétiques*, Bruxelles, Mardaga.

Jacob C. (1992), *l'empire des cartes. Approche théorique de la cartographie à travers l'histoire*, Paris, Albin Michel.

Jauss R. (1978), *Pour une esthétique de la réception*, Paris, Gallimard.

Jonas H. (1993), *Le principe responsabilité*, Paris, Le Cerf.

Jones E. (1967), *Hamlet et Œdipe*, Paris, Gallimard.

Kamboucher D. (2000), *Une école contre l'autre*, Paris, PUF.

—— (1995), *Notion de philosophie III*, Paris, Gallimard, Folio Essais.

Kant E. (1965), *Critique de la faculté de juger*, Paris, Vrin.

—— (2006), *Qu' est – ce que les Lumières?*, Paris, Hatier.

—— (1991), *Que signifie s'orienter dans la pensée?*, Paris, Garnier – Flammation.

Kerlan A. (1998), *La science n'éduquera pas. Comte, Durkheim, le modèle introuvable*, Paris, Peter Lang.

—— (2000), *Philosophie pour l'éducation*, Paris, ESF.

Lahire B. (2004), *La culture des individus. Dissonances culturelles et distinction de soi*, Paris, La Découverte.

—— (1998), *l'Homme pluriel, les ressorts de l'action*, Paris, Nathan.

Lamarre J. – M. (2007), La croyance en l'école à l'épreuve de la postmodernité: peut – on apprendre sans faire crédit au maître et à la culture enseignée, *Recherches en éducation* No. 2, www. recherches – en – education. net.

Lasch C. （2000）, *La culture du narcissisme. La vie américaine à un age de déclin des espérances*, Paris, Climats.

Laudan L. （1977）, *La dynamique de la science*, Bruxelles, Mardaga.

Lauer Q. （1954）, *La phénoménologie de Husserl*, Paris, PUF.

Lecourt D. （1990）, *Contre le peur*, Paris, PUF.

Le Goff – P. （2000）, *Les illusions du management*, Paris.

Legarder A. Simonneaux L. （2006）, *l'école à l'épreuve de l'actualité, enseigner les questions vive*, Paris, ESF.

Lelièvre C., Nique C. （1997）, *La république n' éduquera plus*: *la fin du mythe Ferry*, Paris, Plon.

Levinas E. （1990）, *Totalité et infini, essai sur l'extériorité*, Paris, Gallimard, Biblio – essais.

Lipovetsky G. （2004）, *Hypermodernité. Les temps hypermodernes*, Paris, Grasset.

—— （1987）, *l'empire de l'éphémère*, Paris, Gallimard.

—— （1983）, Lère du vide, Paris, Gallimard.

—— （1992）, *Le crépuscule du devoir, l'éthique indolore des nouveaux temps démocratique*, Paris, Gallimard.

Löwith K. （2002）, *Histoire et salut, Les présupposés théologiques de la philosophie de l'istoire*, Paris, Gallimard.

Lukács G. （1963）, *La théorie du roman*, Paris, Denoël – Gonthier, Médiations.

Lyotard J. – F. （1988）, *Le postmoderne expliqué aux enfants*, Paris, Galilée.

—— （1979）, *La condition postmoderne*, Paris, Minuit.

—— （1983）, *Le différend*, Paris, Minuit.

Marcuse H. （1968）, *l'homme unidimensionnel. Essai sur l'idéologie de la société industrielle avancée*, Paris, Minuit.

Mattéi J. – F. （1999）, *La barbarie intérieure. Essai sur l'immonde moderne*, Paris, PUF.

Maulini O. （2005）, *Questionner pour enseigner et pour apprendre*, Paris, ESF.

Meirieu Ph. （2002）, *Repères pour un monde sans repères*, Paris, Desclée de Brouwer.

Meyer M. (1986), *De la problématologie*, Bruxelles, Mardaga.

—— (1992), *Langage et litérature*, Paris, PUF.

—— (1993), *Questions de rhétorique. Langage, raison et séduction*, Paris, LGE.

—— (1995), De l'insolence. Essai sur la morale et le politique, Grasset.

—— (1997), *Qu' est – ce que la philosophie?*, Paris, Bilio – essais.

—— (2000), *Questionnement et historicité*, Paris, PUF.

—— (2004 a), *Erick Emmanuel Schmidt ou les identités bouleversées*, Paris, Albin Michel.

—— (2004 b), *La rhétorique*, Paris, PUF, Que sais – je? .

—— (2010), *La problématologie*, Paris, PUF, Que sais – je? .

Milner J. – C. (1992), *De l' école*, Paris, Seuil.

—— (2003), *Les penchants criminels de l' Europe démocratique*, Paris, Verdier.

Nietzsche F. (1971), *Ainsi parlait Zarathoustra*, Paris, Gallimard, 1971.

—— (1973), *Sur l' avenir de nos établissements d' enseignement*, Paris, Gallimard.

Pascal B. (1963), *Œuvres complètes*, Paris, Seuil.

Paul M. (2004), *l' accompagnement, une posture professionnelle spécifique*, Paris, l' Harmattan.

Rena – Ruiz H. (2005), *Qu' est – ce que l' école?*, Paris, Gallimard.

Platon (1967), *La république*, Paris, Garnier – Flammarion.

Popper K. (1972), *La connaissance objective*, Paris, Complexe.

Prairat E. (1997), *La sanction, petite méditation à l' usage des éducateurs*, Paris, l' Harmattan.

Prost A. (1985), *éloge des pédagoques*, Paris, Seuil.

Rancière J. (1987), *Le maître ignorant*, Paris, Arthème Fayard, 10/18.

—— (2000), *Le partage du sensible*, Paris, La Fabrique.

—— (2005 a), *La haine de la démocratie*, Paris, La Fabrique.

—— (2005 b), *La nuit des prolétaires*, Paris, Pluriel.

—— (2007), *Le philosophe et ses pauvres*, Paris, Flammarion.

Reboul O. (1984), *Le langage de l'éducation*, Paris, PUF.

—— (1999), *Les valeurs de l'éducation*, Paris, PUF.

Remond R. (1989), l'intégrisme catholique, *études*, No. 1, Janvier.

Renaut A. (2002), *La libération des enfats*, Paris, Calmann – Lévy.

—— (2004), *La fin de l'autorité*, Paris, Flammarion.

Revault d'Allones M. (2006), *Le Pouvoir des commencements. Essai sur l'autorité*, Paris, Seuil.

Ricoeur p. (1969), *Le conflit des interprétations*, *essais d'herméneutiques*, Paris, Seuil.

—— (1975), *La métaphore vive*, Paris, Seuil.

—— (1990), *Soi – Même comme un autre*, Paris, Seuil.

Rorty R. (1995), *l'espoir au lieu du savoir : introduction au pragmatisme*, Paris, Albin Michel.

Rorty Richard. (1990), *l'homme spéculaire*, Paris, Seuil.

Romilly J. (1984), *l'enseignement en détresse*, Paris, Julliard.

Rousseau J. – J. (1966), *l'émile*, Paris, Garnier – Flammarion.

Sartre J. – P. (1965), *Esquisse d'une théorie des émotions*, Paris, Herman.

Scarpetta Guy. (1985), *l'impureté*, Paris, Grasset.

Schmidt E. – E. (2002), *l'évangile selon Pilate*, Paris, Le Livre de poche.

—— (2001), *La part de l'autre*, Paris, Le Livre de poche.

Serres Michel. (1972), *Hermes II. l'interférence*, Paris, Minuit.

—— (1980), *Le parasite*, Paris, Grasset.

—— (1991), *Le tiers instruit*, Paris, François Bourin.

Sévigné de M. (2006), *Clélie. Histoire romaine*, Paris, Gallimard, Folio.

Steiner G. (1973), *Dans le chateau de Barbe Bleue. Notes pour une redéfinition de la calture*, Paris, Gallimard.

Steiner G. (1991), *Réelles présences. Les arts du sens*, Paris, Gallimard.

—— (1997), *Passions impunies*, Paris, Gallimard.

—— (2003), *Maître et disciples*, Paris, Gallimard.

Steiner G., Spire A. (2000), *Barbarie de l'ignorance*, Paris, l'Aube.

Steiner G. , Ladjali C. （2003）, *éloge de la transmission*, Paris, Albin Michel.

Snyders G. （1986）, l'enseignement de la musique devenant exemplaire pour tous les enseignements de l'école, Enfance, TomXXXIX, No. 4.

—— （1986）, *La joie à l'école*, Paris, PUF.

—— （2002）, *De la culture, des chefs - d'oeuvre et des homme*, Vigneux, Matrice.

Solère - Queval S. （1999）, Républicains démocrates, *in* Solère - Queval S. （dir.）, *Les Valeurs au risque de l'école*, Lille, Presses universitaires du Septentrion.

Stiegler B. （2008）, *Prendre soin de la jeunesse et des générations*, Paris, Flammarion.

Taguieff P. - A. （2004）, *Le sens du progrès, une approche historique et philosophique*, Paris, Flammarion.

Taylor C. （1994）, *Le malaise de la modernité*, Paris, Cerf.

Touraine A. （1992）, *Cretique de la modernité*, Paris, Seuil.

—— （1997）, *Pourrons - nous vive ensemble? Égaux et différents*, Paris, Fayard.

Vattimo G. （1987）, *La fin de la modernité. Nihilisme et herméneutique dans la culture postmoderne*, Paris, Seuil.

—— （2004）, *Après la chrétienté. Pour un christianisme non religieux*, Paris, Seuil.

Verne Jules （2001）, *l'éternel Adam, Mille et une nuits*, Paris.

—— （2005）, *Sans dessus dessous*, Arles, Actes Sud.

Verret, M. （1975）, *Le temps des édudes*, Paris, Honoré Champion, vol. 2.

Weber Max. （2004）, *l'éthique protestante et l'esprit du capitalisme*, Paris, Gallimard.

Wittgenstein L. （1976）, *De la certitude*, Paris, Gallimard.